"十三五"职业教育国家规划教材

21世纪高职高专会计类专业课程改革规划教材

审计综合实训

（第三版）

主　编／兰丽丽　杜海霞

副主编／罗惠玲　雒　艳

中国人民大学出版社

·北京·

前言

在我国当前大力发展职业教育的背景下，如何培养学生的职业能力成为职业教育的主要任务。审计学是一门实践性很强的课程，然而在传统审计课程教学过程中，由于种种条件的限制，审计模拟实训往往局限于审计工作底稿填制基础技能的训练，审计案例也往往局限于对个别案例的简单文字性描述。这对培养高职学生的审计工作能力有很大的局限性。所以，对审计课程与实训教材的改革势在必行。

为了更好地提高高职学生的审计工作能力，我们将会计师事务所实际审计案例与实际工作底稿引入课堂教学，以工作过程为导向对课程进行了改造，实现审计课程与会计师事务所实际工作的融合、教学过程与审计流程的融合、教师“教”与学生“做”的融合，真正突出了审计教学过程的开放性和实践性。本教材正是我们审计课程改革的成果之一。

本教材以北京东方制衣有限公司（虚拟）2019 年 12 月份发生的业务为素材，采用了“还原会计师事务所会计报表审计流程”的设计思想，以会计师事务所年报审计为主线，设计了从业务承接、实际审计到出具审计报告、完成审计工作的全过程模拟训练，最大限度地还原了真实审计工作情景。

本教材突出体现了高等职业教育特色，并在以下两个方面有所创新：

1. 编写体例

第一部分为审计实训工作指引，按照审计工作过程构造了审计业务承接、销售与收款循环审计、采购与付款循环审计、存货与仓储循环审计、筹资与投资循环审计、货币资金审计和审计终结共七个学习情境，指导学生按照审计工作过程进行财务报表模拟审计。第二部分和第三部分为审计业务资料，其中第二部分是北京东方制衣有限公司账表资料，第三部分是北京东方制衣有限公司凭证资料。这两部分内容是在北京东方制衣有限公司 2019 年 12 月完整的会计资料中插入典型舞弊点，供学生在会计业务中查找舞弊点。第四部分为财务报表审计实训手册，包括审计实训报告和空白的审计工作底稿。审计工作底稿用来对执行的审计工作做完整记录，实训报告用来记录审计实训过程和结果，进行实训评价。

2. 案例设计

本教材案例设计完整，并在其中穿插数十个典型舞弊点，舞弊点前后呼应，贯穿整个业务循环审计过程。本教材真正实现了对学生实际审计工作能力的培养，克服了传统审计模拟实训教材只注重审计工作底稿填写基础技能训练的弱点。

本教材由北京财贸职业学院兰丽丽、杜海霞、罗惠玲、雒艳编写，几位作者共同负责编写工作的策划、统筹和调查研究论证。其中，兰丽丽、罗惠玲、雒艳负责教材中审计案例资料整体编写工作，杜海霞负责教材中文字编写及舞弊点案例设计工作。此外，在本教材的编写过程中，德勤会计师事务所章涛等同志给予了大力支持和帮助，在此一并表示感谢。

限于作者水平，书中难免存在疏漏之处，敬请读者不吝指正。

编者

目　录

审计实训工作指引

学习情境一

审计业务承接

[工作任务案例] 中星琪会计师事务所 & 北京东方制衣有限公司——业务承接

学习目标

1. 了解审计业务承接的程序。

2. 能够对是否接受委托做出职业判断。

3. 会编制审计业务约定书。

4. 会编制审计工作初步业务活动中其他相关工作底稿：初步业务活动程序表、业务承接评价表、会计政策调查表等。

学习情境设计

北京东方制衣有限公司（以下简称“东方公司”）拟委托中星琪会计师事务所对其 2019 年度会计报表进行审计。该公司以前年度的会计报表一直由中华信会计师事务所审计。

一、北京东方制衣有限公司基本情况

注册资本：1 400 万元。

投资人及投资金额：国家投入 1 000 万元，北京申华服装厂投入 400 万元。

地址：北京市朝阳区常营乡。

电话：010－84531288。

纳税人登记号：11010562571729X。

开户行：中国工商银行北京分行朝阳支行常营分理处。

账号：0200012341234561234。

经营范围：服装加工、销售。

法人代表：王文学。

企业性质：公司。

注册日期：2000 年 5 月—2030 年 5 月。

企业人数：一车间 124 人，其中工人 118 人，管理人员 6 人；
二车间 210 人，其中工人 200 人，管理人员 10 人；
辅助生产部门 32 人，其中机修车间 16 人，运输车队 16 人；
管理部门 84 人；
销售部 24 人；
合计 474 人。

二、中星琪会计师事务所接受委托

经与中华信会计师事务所和东方公司沟通后得知，中华信会计师事务所之所以不再与东方公司续约是因为中华信会计师事务所正积极向外地拓展业务，人手不够。以往中华信会计师事务所为该公司出具的审计报告均为无保留意见审计报告。

经过评价，中星琪会计师事务所认为和东方公司不存在任何影响独立性的事项。

中星琪会计师事务所决定接受委托进行审计。双方经过协商，确定审计日期为 2020 年 1 月 14 日至 2020 年 1 月 16 日，审计收费为 5 000 元。

三、中星琪会计师事务所对东方公司的财务状况进行了解

（一）公司财务及仓库保管人员

产成品库保管：刘英。

材料库保管：赵伟。

出纳：李蕾。

会计：郑梅、赵菲燕。

会计主管：解亚楠。

（二）公司主要财务制度

（1）适用《企业会计准则》(2006)。

（2）应缴纳税种及所适用税率，如表 1 - 1 所示。

表 1 - 1　税率一览表

税种		税率/税额
企业所得税		25%
增值税		13%
城市维护建设税		7%
教育费附加		3%
城镇土地使用税		12 元（每平方米年税额）
房产税		1.2%（从价计征）
车船使用税	桑塔纳轿车	480 元/辆
	依维柯面包车	540 元/辆
	货车	60 元/辆

（3）坏账核算方法：备抵法，按应收账款余额的 3‰预计坏账准备。

（4）材料购入按实际成本法核算，材料发出采用全月一次加权平均法计算发出成本，产品销售按全月一次加权平均法结转成本。

（5）辅助生产费用采用一次交互分配法进行分配。

（6）在产品按主要材料成本计价。

（7）低值易耗品摊销方法：一次摊销法。

（8）折旧方法：直线折旧法。

（9）法定公积金提取比例为 10%，任意公积金提取比例为 5%。

工　具

1. 审计准则（请查阅相关文件，此处略去，下同）。

2. 空白工作底稿。

(1) 初步业务活动程序表。

(2) 业务承接评价表。

(3) 审计业务约定书。

(4) 会计政策调查表。

工作行动

一、了解东方公司基本情况

(1) 与东方公司相关人员面谈。

与东方公司相关人员讨论下列事项：

1) 审计的目标。

2) 审计报告的用途。

3) 管理层对财务报表的责任。

4) 审计范围。

5) 执行审计工作的安排，包括出具审计报告的时间要求。

6) 审计报告格式和对审计结果的其他沟通形式。

7) 管理层是否提供必要的工作条件和协助。

8) 注册会计师是否不受限制地接触任何与审计有关的记录、文件和所需要的其他信息。

9) 利用被审计单位专家或内部审计人员的程度（必要时）。

10) 审计收费。

(2) 初步了解东方公司及其环境，并予以记录。

(3) 征得东方公司书面同意后，与前任注册会计师沟通。

二、评价是否具备执行该项审计业务所需要的独立性和专业胜任能力

略。

三、签订审计业务约定书

略。

四、进一步了解东方公司的基本情况

中星琪会计师事务所派出由王丰、方华、赵峰、李明四人组成的审计小组对东方公司进行审计，其中王丰为项目经理。他们首先从以下两方面对东方公司进行了解：

(1) 了解东方公司财务制度。

(2) 了解东方公司内部控制制度。由于东方公司规模较小，审计人员认为无须进行控制测试，直接进行实质性程序即可。

工作成果

1. 确定初步业务活动程序，编制工作底稿——初步业务活动程序表。
2. 对是否接受委托做出职业判断，编制工作底稿——业务承接评价表。
3. 与东方公司协商后编制工作底稿——审计业务约定书。
4. 了解东方公司财务制度，编制工作底稿——会计政策表。

审计职业圈

深圳一卡易科技股份有限公司（以下简称“一卡易”）于 2021 年 4 月 2 日收到中兴华会计师事务所（特殊普通合伙）（以下简称“中兴华”）《终止履行并解除审计业务约定书的告知函》，函内中兴华认为：鉴于一卡易近期发生涉及治理层、管理层的一系列事件，经审慎判断，我所不再适合继续担任一卡易 2021 年度财务报告的审计机构。中兴华终止履行审计业务约定书，并解除与一卡易签订的《审计业务约定书》（中兴华（2021）020137 号）。

请在网上查阅相关资料后，思考一下，中兴华会计师事务所终止履行审计业务约定书的行为是否符合审计准则及职业道德相关规定？

学习情境二

销售与收款循环审计

［**工作任务案例**］中星琪会计师事务所 & 东方公司——销售与收款循环审计

学生通过对具体审计案例进行分析，独立执行审计程序，做出审计职业判断，完成审计工作底稿的编制。

学习目标

1. 能运用各种审计方法完成销售与收款循环各个项目审计的实质性程序。
2. 能对审计中发现的问题做出职业判断，会编制调整分录。
3. 会编制销售与收款循环各个项目的审定表、应收账款询证函等相关工作底稿。

学习情境设计

会计师事务所审计人员王丰发函询证东方公司截至 2019 年 12 月 31 日的应收账款余额，询证回函情况如表 2－1 所示。

表 2－1　询证回函情况一览表

客户名称	回函情况
达成商贸公司	未收到回函
保定佳美服装贸易公司	基本可以确认
包头海天商贸公司	可以确认的余额为 1 011 000 元
惠新商贸公司	可以确认的余额为 372 900 元
大同华贸	不欠东方公司任何货款

工　具

1. 会计准则和制度、审计准则。
2. 空白工作底稿。
（1）营业收入实质性程序工作底稿。
（2）应收账款实质性程序工作底稿。
（3）销售费用实质性程序工作底稿。
（4）应交税费实质性程序工作底稿。

（5）销售与收款循环其他项目实质性程序工作底稿。

3. 会计和账簿资料（见审计案例资料）。

工作行动

一、营业收入实质性程序

（1）获取或编制主营业务收入和其他业务收入明细表，复核加计是否正确，并与总账数和明细账合计数及报表核对是否相符。审计人员填列营业收入审定表的未审数。

（2）必要时执行实质性分析程序以分析收入是否合理；填列业务/产品分析表等相关工作底稿。

（3）检查主营业务收入的确认条件、方法是否符合企业会计准则，前后期是否一致。

（4）抽取产品价格目录，确定销售价格确定是否合理；抽取部分发货单和记账凭证进行核对，以确定其入账的合理性和准确性。

审计人员应在步骤（3）、（4）的基础上，填列销售检查情况表等工作底稿。

（5）进行销售的截止测试，审计人员填列主营业务收入截止测试表。

（6）关注销货退回和销售折扣与折让的会计处理是否正确。

（7）检查原始凭证等相关资料，分析交易的实质，确定其他业务收入的会计处理是否正确。

（8）检查营业收入是否已按照企业会计准则的规定在财务报表中做出恰当列报。

在上述审计程序的基础上，完成营业收入程序表和营业收入审定表的编制。

二、应收账款实质性程序

（1）获取或编制应收账款明细表，复核加计是否正确，并与总账数和明细账合计数核对是否相符；结合坏账准备科目与报表数核对是否相符。审计人员填列应收账款审定表的未审数。

（2）对应收账款进行分析性程序，计算分析应收账款周转率、应收账款与主营业务收入比率等指标。

（3）获取或编制应收账款账龄分析表。

（4）对应收账款进行函证。审计人员编制应收账款询证结果汇总表和应收账款询证结果调节表。

（5）对未函证的应收账款实施替代审计程序。审计人员编制应收账款替代测试表。

（6）抽查有无不属于结算业务的债权。

（7）评价坏账准备计提的适当性。审计人员编制应收账款坏账准备计算表。

（8）复核应收账款和相关总分类账、明细分类账和现金日记账，调查异常项目，对大额或异常及关联方应收账款，即使回函相符，仍应抽查其原始凭证。

（9）确定应收账款是否已按照企业会计准则的规定在财务报表中做出恰当列报。

在上述审计程序的基础上，完成应收账款程序表和应收账款审定表的编制。

三、销售费用实质性程序

（1）获取或编制销售费用明细表，复核其加计数是否正确，并与报表数、总账数和明细账合计数核对是否相符。审计人员填列销售费用审定表的未审数。

（2）对销售费用进行分析，判断变动的合理性。

（3）选择重要或异常的销售费用，检查销售费用各项目开支标准是否符合有关规定，开支内容是否与被审计单位的产品销售或专设销售机构的经费有关，计算是否正确，原始凭证是否合法，会计处理是否正确。审计人员应编制销售费用检查情况表。

（4）抽取资产负债表日前后若干天的相关凭证，实施截止测试，若存在异常迹象，应考虑是否有必要追加审计程序，对于重大跨期项目，应做必要调整。审计人员应编制销售费用截止测试工作底稿。

（5）检查销售费用是否已按照企业会计准则的规定在财务报表中做出恰当列报。

在上述审计程序的基础上，完成销售费用程序表和销售费用审定表的编制。

四、应交税费实质性程序

（1）获取或编制应交税费明细表，复核加计是否正确，并与报表数、总账数和明细账合计数核对是否相符。审计人员填列应交税费审定表的未审数。

（2）首次接受委托时，取得被审计单位的纳税鉴定、纳税通知、减免税批准文件等，了解被审计单位涉税相关情况。连续接受委托时，关注其变化情况。

（3）核对期初未交税金与税务机关受理的纳税申报资料是否一致，检查缓期纳税及延期纳税事项是否经过主管税务机关批准。

（4）检查应交增值税计算和会计处理是否正确。审计人员应编制应交增值税明细表、应交税费测算表和应交税费检查情况表。

（5）检查应交消费税的计算和会计处理是否正确。

（6）检查其他税费计算和会计处理是否正确。审计人员应编制应交税费检查情况表。

（7）确定应交税费是否已按照企业会计准则的规定在财务报表中做出恰当列报。

在上述审计程序的基础上，完成应交税费程序表和应交税费审定表的编制。

五、完成销售与收款循环其他项目实质性程序，并编制相关工作底稿

略。

工作成果

1. 完成营业收入项目审计的实质性程序，编制工作底稿：营业收入审定表、年度毛利率分析表、销售检查情况表和主营业务收入截止测试表等。

2. 完成应收账款审计的实质性程序，编制工作底稿：应收账款审定表、应收账款询证函、应收账款询证结果汇总表、应收账款询证结果调节表、应收账款替代测试表和应收账款坏账准备计算表等。

3. 完成销售费用项目审计的实质性程序，编制工作底稿：销售费用审定表、销售费用检查情况表和销售费用截止测试表等。

4. 完成应交税费项目审计的实质性程序，编制工作底稿：应交税费审定表、应交增值税明细表、应交税费测算表和应交税费检查情况表等。

5. 完成销售与收款循环其他项目审计的实质性程序，并编制相关工作底稿。

审计职业圈

某石油炼化企业一年有几十亿元的收入，石油销售全靠油罐车向往外运送。但审计人员现场观察时，发现该厂区外基本没有油罐车运油。

请思考：该石油炼化企业的收入是否存在问题？审计人员应具备哪些职业素质才能合理识别与评估企业的收入风险呢？

学习情境三

采购与付款循环审计

［工作任务案例］中星琪会计师事务所 & 东方公司——采购与付款循环审计

学生通过对具体审计案例进行分析，独立执行审计程序，做出审计职业判断，完成审计工作底稿的编制。

学习目标

1. 能够运用各种审计方法完成采购与付款循环各个项目审计的实质性程序。
2. 能够对审计中发现的问题做出职业判断，会编制调整分录。
3. 会编制采购与付款循环各个项目的实质性程序工作底稿。

学习情境设计

一、固定资产审计情况

（1）审计人员方华实地观察东方公司固定资产，与固定资产卡片核对无误。

（2）所有固定资产都取得了相关所有权的证明，如房产证等。

（3）东方公司各类固定资产折旧率及折旧年限等信息如表 3－1 所示。

表 3－1　固定资产折旧率及折旧年限一览表

类别	折旧年限（年）	残值率（%）	折旧方法
房屋建筑物	32	4%	直线法
运输设备	10	4%	直线法
生产车间设备	10	4%	直线法
办公设备	8	4%	直线法
机修车间设备	16	4%	直线法

二、审计人员未实施对应付账款的函证程序

略。

工　具

1. 会计准则和制度、审计准则。
2. 空白工作底稿。

（1）应付账款实质性程序工作底稿。

（2）固定资产实质性程序工作底稿。

（3）管理费用实质性程序工作底稿。

（4）采购与付款循环其他项目实质性程序工作底稿。

3. 会计凭证和账簿资料（见审计案例资料）。

工作行动

一、应付账款实质性程序

（1）获取或编制应付账款明细表，复核加计是否正确，并与报表数、总账数和明细账合计数核对相符，填列应付账款审定表的未审数。

（2）检查是否存在未入账的应付账款，编制应付账款未入账检查情况表。

1）针对资产负债表日后付款项目，检查银行对账单及有关付款凭证（如银行划款通知、供应商收据等），询问被审计单位内部或外部的知情人员，查找有无未及时入账的应付账款。

2）结合存货监盘程序，检查被审计单位在资产负债表日前后的存货入库资料（验收报告或入库单），检查是否有大额料到单未到的情况，确认相关负债是否计入了正确的会计期间。

（3）检查债务形成的相关原始凭证，如供应商发票、验收报告或入库单等，检查有无未及时入账的应付账款，确定应付账款金额的准确性。审计人员应编制应付账款核对表。

关注异常或大额交易及重大调整事项（如大额的购货折扣或退回，会计处理异常的交易、未经授权的交易、缺乏支持性凭证的交易等），检查相关原始凭证和会计记录，以分析交易的真实性、合理性。

（4）分析应付账款账龄，关注长期挂账应付账款。

（5）函证应付账款。

一般情况下，并不必须函证应付账款。但如果控制风险较高、某应付账款明细账户金额较大或被审计单位处于财务困难阶段，则应进行应付账款的函证，并编制应付账款函证情况统计表。

对于未取得回函的重大应付账款项目，审计人员应采用替代审计程序，编制应付账款替代测试表。

（6）检查带有现金折扣的应付账款是否按发票记载的全部应付金额入账，在实际获得现金折扣时再冲减财务费用。

（7）确定应付账款的披露是否恰当。

在上述审计程序的基础上，填列完整应付账款审定表和应付账款审计程序表。

二、固定资产实质性程序

（1）获得或编制固定资产明细表，复合加计正确，并与总账和明细账合计数核对是否相符；结合累计折旧和固定资产减值准备与报表数核对是否相符。填列固定资产审定表的未审数。

（2）通过实质性分析程序，确定固定资产折旧计提和修理费用发生的合理性。

（3）实地检查重要固定资产（如为首次接受委托，应适当扩大检查范围），确定其是否存在，关注是否存在已经报废但仍未核销的固定资产。编制固定资产盘点检查情况表。

（4）检查固定资产的所有权或控制权。

（5）检查本期固定资产的增加。

1）询问管理层当年固定资产的增加情况，并与获取或编制的固定资产明细表进行核对。

2）检查本年度增加固定资产的计价是否正确，手续是否齐备，会计处理是否正确。

审计人员应编制固定资产增加检查表。

（6）检查本期固定资产的减少。

1）结合固定资产清理科目，抽查固定资产账面转销额是否正确。

2）检查减少固定资产的会计处理是否正确。

审计人员应编制固定资产减少检查表和固定资产清理明细表。

（7）检查固定资产的后续支出会计处理是否正确。

（8）检查固定资产的租赁。

1）检查固定资产的租赁合同，关注租金收入的会计处理是否正确。

2）租入固定资产是否已登记备查簿。

对重要的租赁，审计人员应发函向对方单位询证，编制租赁询证函。

（9）获取暂时闲置固定资产的相关证明文件，并观察其实际状况，检查是否已按规定计提折旧，相关的会计处理是否正确。

（10）获取已提足折旧仍继续使用的固定资产的相关证明资料，并做出相应记录。

（11）获取持有待售固定资产的相关证明文件并做出相应记录，检查对其预计净残值调整是否正确，会计处理是否正确。

（12）检查固定资产保险情况，复核保险范围是否足够。

（13）检查固定资产的抵押、担保情况。结合对银行借款等的检查，了解固定资产是否存在重大的抵押、担保情况。如存在，应取证并做相应的记录，同时提请被审计单位做出披露。

（14）检查累计折旧计提和会计处理是否正确，并编制折旧计算检查表。

（15）检查固定资产的减值准备计提金额是否准确，会计处理是否正确。

（16）检查固定资产是否已按企业会计准则的规定在财务报表中做出恰当的列报。

在上述审计程序的基础上，填列完整固定资产审定表和固定资产审计程序表。

三、管理费用实质性程序

（1）获取或编制管理费用明细表。

1）复核加计是否正确，并与报表数、总账数及明细账合计数核对是否相符。

2）将管理费用中的职工薪酬、无形资产摊销、长期待摊费用摊销额等项目与各有关账户进行核对，分析其勾稽关系的合理性，并做出相应记录。填列管理费用审定表的未审数。

（2）对管理费用进行分析，对有重大波动和异常情况的项目应查明原因，必要时做适当处理。

（3）检查管理费用的明细项目的设置是否符合规定的核算内容与范围，结合成本费用的审计，检查是否存在费用分类错误，若有，应提请被审计单位调整。

（4）检查各项费用（公司经费、中介机构费、诉讼费用、业务招待费等）的发生是否合法合规，会计处理是否正确。

审计人员根据（3）、（4）编制管理费用检查情况表。

（5）抽取资产负债表日前后若干天的凭证，实施截止测试，若存在异常迹象，考虑是否有必要追加审计程序，对于重大跨期项目，应做必要调整。审计人员编制管理费用截止测试工作底稿。

（6）确定管理费用是否已经按照企业会计准则的规定在财务报表中做出恰当列报。填列完整管理费用审定表和管理费用审计程序表。

此外，采购与付款循环审计还涉及预付款项、在建工程、无形资产、长期待摊费用、长期应付款、营业外收入和营业外支出等项目，具体实质性程序可根据本学习情境的内容自行总结。

工作成果

1. 完成应付账款项目审计的实质性程序，编制工作底稿：应付账款审定表、应付账款未入账检查情况表、应付账款核对表和应付账款审计程序表。

2. 完成固定资产审计的实质性程序，编制工作底稿：固定资产审定表、固定资产盘点检查情况表、固定资产增加检查表、固定资产减少检查表、固定资产清理明细表、折旧计算检查表和固定资产审计程序表。

3. 完成管理费用项目审计的实质性程序，编制工作底稿：管理费用审定表、管理费用检查情况表、管理费用截止测试工作底稿和管理费用审计程序表。

4. 完成采购与付款循环其他项目审计的实质性程序。

审计职业圈

某公司与某工程供应商签订房屋装修合同，合同价款为 8 600 万元。2020 年 12 月 30 日，公司向其支付工程款 7 000 万元。该工程装修单价高于市场平均价格，未聘请第三方监理。

请思考：审计人员应执行什么样的审计程序？审计人员在审计过程中应保持什么样的职业态度？

学习情境四

存货与仓储循环审计

[**工作任务案例**] 中星琪会计师事务所 & 东方公司——存货与仓储循环审计

学生通过对具体审计案例进行分析，独立执行审计程序，做出审计职业判断，完成审计工作底稿的编制。

学习目标

1. 能够运用各种审计方法完成存货与仓储循环各个项目审计的实质性程序。
2. 能够对审计中发现的问题做出职业判断，并编制调整分录。
3. 会编制存货与仓储循环各个项目的审定表、存货盘点表等相关工作底稿。

学习情境设计

2020 年 1 月 15 日，审计人员赵峰盘点存货实物数量，取得存货盘点表，如表 4－1 和表 4－2 所示。

表 4－1　库存商品盘点表

2020 年 1 月 15 日

类别	名称	单位	数量
库存商品	男式夹克	件	3 860
	男式西服套装	套	2 940
	女式风衣	件	1 666
	男式休闲西服	件	2 980

表 4－2　库存材料盘点表

2020 年 1 月 15 日

类别	名称	单位	数量
主要材料	美丽绸	米	17 600
	涤面料	米	10 800
	防雨布料	米	1 560
	纯毛面料	米	10 000
辅助材料	大号纽扣	枚	45 400
	中号纽扣	枚	28 000
	小号纽扣	枚	60 200
	衬布	米	24 800
	垫肩	个	24 000

续表

类别	名称	单位	数量
	轴线	个	22 000
	腰带扣	枚	10 000
	铜制拉链	条	5 000
修理备件	101#	个	380
	102#	个	360
	103#	个	260
消耗材料	缝纫机油	瓶	180
	缝纫针	袋	2 100
包装物	塑料袋	个	38 000
	无纺布西服套	个	8 000
	衣架	个	20 000

2019 年 12 月 31 日至 2020 年 1 月 15 日，产成品入库出库情况、材料入库出库情况如表 4-3 和表 4-4 所示。

表 4-3　产成品入库出库情况表

名称	完工入库	出库销售
男式夹克（件）	2 000	900
男式西服套装（套）	2 000	1 600
女式风衣（件）	2 000	960
男式休闲西服（件）	1 600	1 300

表 4-4　材料入库出库情况表

类别	名称	单位	领用	购入
主要材料	美丽绸	米	11 600	9 000
	涤面料	米	4 400	7 000
	防雨布料	米	4 000	4 000
	纯毛面料	米	11 200	11 200
辅助材料	大号纽扣	枚	18 200	20 000
	中号纽扣	枚	8 000	20 000
	小号纽扣	枚	46 600	100 000
	衬布	米	3 400	10 000
	垫肩	个	8 000	8 000
	轴线	个	4 000	6 000
	腰带扣	枚	4 000	6 000
	铜制拉链	条	2 000	4 000
修理备件	101#	个	0	0
	102#	个	0	0
	103#	个	0	0
消耗材料	缝纫机油	瓶	40	60
	缝纫针	袋	0	0
包装物	塑料袋	个	4 000	4 000
	无纺布西服套	个	2 000	0
	衣架	个	2 000	0

赵峰在盘点时，发现仓库保管员刘英穿的风衣和该公司生产的风衣款式一样。赵峰经询问得知，在 2019 年 12 月月底公司给每一位员工发了一件女士风衣。

工　具

1. 会计准则和制度、审计准则。

2. 空白工作底稿。

（1）存货实质性程序工作底稿。

（2）应付职工薪酬实质性程序工作底稿。

（3）主营业务成本实质性程序工作底稿。

（4）存货与仓储循环其他项目实质性程序工作底稿。

3. 会计凭证和账簿资料（见审计案例资料）。

工作行动

一、存货实质性程序

（1）获取或编制存货的明细表，复核加计是否正确，并与总账数、明细账合计数核对是否相符。填列存货审定表的未审数。

（2）对材料采购、在途物资、原材料、库存商品、在产品等项目进行截止测试。编制存货入库截止测试表和存货出库截止测试表。

（3）对于金额较大的存货项目抽查其凭证，检查会计处理是否正确。

（4）对存货进行计价测试，检查其会计处理是否正确。

（5）对存货进行监盘，检查其是否真实存在。

1）监盘前获取有关资料，编制存货监盘计划。

2）观察盘点现场，确定盘点范围是否正确。

3）检查已盘点的存货，填制存货抽盘核对表。

4）对具有特殊性质的存货实施替代审计程序。

5）审计人员最终完成存货监盘报告。

（6）检查存货跌价准备的计算和会计处理是否正确。

（7）检查存货是否已按照企业会计准则的规定在财务报表中做出恰当列报。

在上述审计程序的基础上，填列完整存货审定表和存货审计程序表。

二、营业成本实质性程序

（1）获取或编制主营业务成本明细表，复核加计是否正确，并与总账数和明细账合计数核对是否相符，结合其他业务成本科目与营业成本报表数核对是否相符。填列营业成本审定表的未审数。

（2）对营业成本进行实质性分析，判断营业成本发生的合理性。编制主要产品成本趋势分析和收入成本匹配情况检查表。

（3）检查主营业务成本的内容和计算方法是否符合会计准则的规定，前后期是否一致。编制主营业务成本检查表。

（4）复核主营业务成本明细表的正确性，编制主营业务成本倒轧表。

（5）针对主营业务成本中重大调整事项（如销售退回）、非常规项目，检查相关原始凭证，评价真实性和合理性，检查其会计处理是否正确。编制主营业务成本重大调整事项核查表。

（6）结合期间费用的审计，判断被审计单位是否通过将应计入生产成本的支出计入期间费用，或将应计入期间费用的支出计入生产成本等手段调节生产成本，从而调节主营业务成本。

（7）检查其他业务成本内容是否真实，计算是否正确，会计处理是否正确，否则要抽查原始凭证予以核实。

（8）检查营业成本是否已按照企业会计准则的规定在财务报表中做出恰当列报。

在上述审计程序的基础上，填列完整营业成本审定表和审计程序表。

三、应付职工薪酬实质性程序

（1）获取或编制应付职工薪酬明细表，复核加计是否正确，并与报表数、总账数和明细账合计数核对是否相符。填列应付职工薪酬审定表未审数。

（2）对应付职工薪酬进行实质性分析，判断应付职工薪酬发生的合理性。

（3）检查工资、奖金、津贴和补贴的会计处理是否正确，审计人员编制应付职工薪酬计提检查情况表和应付职工薪酬分配检查情况表。

（4）检查社会保险费（包括医疗、养老、失业、工伤、生育保险费）、住房公积金、工会经费和职工教育经费等计提（分配）和支付（使用）的会计处理是否正确。

（5）检查应付职工薪酬是否已按照企业会计准则的规定在财务报表中做出恰当的列报。

在上述审计程序的基础上，填列完整应付职工薪酬审定表和审计程序表。

四、完成存货与仓储循环其他项目的实质性程序

具体审计步骤可根据本学习情境的内容自行总结。

工作成果

1. 完成存货项目审计的实质性程序，编制工作底稿：存货审定表、存货入库截止测试工作底稿、存货出库截止测试工作底稿、存货监盘报告、存货抽盘核对表、存货盘点计划问卷、直接材料成本检查情况表、直接人工成本检查情况表、制造费用明细表和制造费用检查情况表等工作底稿。

2. 完成营业成本审计的实质性程序，编制工作底稿：营业成本审定表、主要产品成本趋势分析、收入成本匹配情况检查表、主营业务成本检查表、主营业务成本倒轧表和主营业务成本重大调整事项核查表等工作底稿。

3. 完成应付职工薪酬项目审计的实质性程序，编制工作底稿：应付职工薪酬审定表、应付职工薪酬明细表、应付职工薪酬计提检查情况表和应付职工薪酬（支付）检查情况表等。

4. 完成存货与仓储循环其他项目的实质性程序，并编制相关工作底稿。

审计职业圈

审计员小白去盘点 M 公司存货，按照盘点计划应该监盘 A 仓库。但是，M 公司的王经理说："快下班了，A 仓库太远了，反正也是抽盘，咱们去盘点 B 仓库吧，离得又近。"

请思考：审计员小白应该答应王经理的要求吗？为什么？盘点时还有什么注意事项吗？

学习情境五

筹资与投资循环审计

［工作任务案例］中星琪会计师事务所 & 东方公司——筹资与投资循环审计

学生通过对具体审计案例进行分析，独立执行审计程序，做出审计职业判断，完成审计工作底稿的编制。

学习目标

1. 能够运用各种审计方法完成筹资与投资循环各个项目审计的实质性程序。
2. 能够对审计中发现的问题做出职业判断，会编制调整分录。
3. 会编制筹资与投资循环各个项目的工作底稿。

学习情境设计

2020 年 1 月 14 日，审计人员李明向东方公司开户行（中国工商银行北京分行朝阳支行常营分理处）函证银行存款时，获知东方公司向该行借款情况如表 5－1 所示。

表 5－1　东方公司借款情况

借款种类	借款日期	借款期限	借款金额	年利率
长期借款	2018 年 1 月 1 日	3 年	4 000 000 元	12%
短期借款	2019 年 10 月 1 日	6 个月	10 000 000 元	6.075%

有一张 2018 年 12 月 31 日的转账凭证引起了审计人员的注意，如表 5－2 所示。

表 5－2　转账凭证

2018 年 12 月 31 日　　　　转字第 25 号

摘要	总账科目	明细科目	√	借方金额										√	贷方金额									
				千	百	十	万	千	百	十	元	角	分		千	百	十	万	千	百	十	元	角	分
归还借款	长期借款		√		4	0	0	0	0	0	0	0	0											
	银行存款													√		4	0	0	0	0	0	0	0	0
合计				¥	4	0	0	0	0	0	0	0	0		¥	4	0	0	0	0	0	0	0	0

附单据 1 张

财务主管：　　记账：赵菲燕　　审核：解亚楠　　制单：郑　梅

该转账凭证后未附任何原始凭证。2019 年 12 月 31 日，东方公司编制的银行存款余额调节表中有一笔企业已支付银行未支付款项，金额为 400 万元。

李明向东方公司购买股票的开户机构（华厦证券投资有限公司）询证购买方正科技集团股份有限公司股票事宜，未发现任何异常和疑点。

工　具

1. 会计准则和制度、审计准则。

2. 空白工作底稿。

（1）交易性金融资产实质性程序工作底稿。

（2）短期借款实质性程序工作底稿。

（3）长期借款实质性程序工作底稿。

（4）实收资本实质性程序工作底稿。

（5）资本公积实质性程序工作底稿。

（6）盈余公积实质性程序工作底稿。

（7）未分配利润实质性程序工作底稿。

（8）筹资与投资循环其他项目实质性程序工作底稿。

3. 会计凭证和账簿资料（见审计案例资料）。

工作行动

一、交易性金融资产实质性程序

（1）获取或编制交易性金融资产明细表或填制交易性金融资产审定表未审数。

（2）获取股票、债券、基金等账户对账单，与明细账余额核对，做出记录或进行适当调整。

（3）向相关机构发函，并确定是否存在变现限制，同时记录函证过程。填制代管证券询证函和交易性金融资产函证情况汇总表。

（4）确定交易性金融资产的计价是否正确，填制交易性金融资产公允价值复核表。

（5）抽取交易性金融资产增减变动的相关凭证，检查其原始凭证是否完整合法、会计处理是否正确。

（6）检查交易性金融资产是否已按照企业会计准则的规定在财务报表中做出恰当列报。

在上述审计程序的基础上，填列完整交易性金融资产审定表和审计程序表。

二、短期借款实质性程序

（1）获取或编制短期借款明细表或填制短期借款审定表未审数，复核加计是否正确，并与报表数、总账数和明细账合计数核对是否相符。

（2）检查被审计单位贷款卡，核实账面记录是否完整。

（3）对短期借款进行函证。

（4）检查短期借款的增加。

（5）检查短期借款的减少。

（6）复核短期借款利息并填制利息分配检查情况表。

（7）检查短期借款是否已按照企业会计准则的规定在财务报表中做出恰当的列报。

在上述审计程序的基础上，填列完整短期借款审定表和审计程序表。

长期借款实质性程序与短期借款类似，不再赘述。

三、投资收益实质性程序

（1）获取或编制投资收益分类明细表，复核加计是否正确，并与报表数、总账数和明细账合计数核对是否相符。填制投资收益审定表未审数。

（2）确定投资收益的金额是否准确。

（3）结合投资和银行存款等的审计，确定投资收益是否被记入正确的会计期间。

（4）检查投资协议等文件，确定国外的投资收益汇回是否存在重大限制，若存在重大限制，应说明原因，并做出恰当披露。

（5）检查投资收益是否已按照企业会计准则的规定在财务报表中做出恰当列报。

在上述审计程序的基础上，填列完整投资收益审定表和审计程序表。

四、财务费用实质性程序

（1）获取或编制财务费用明细表，复核其加计数是否正确，并与报表数、总账数和明细账合计数核对是否相符。填制财务费用审定表未审数。

（2）运用实质性分析程序，确定财务费用的合理性。

（3）检查财务费用明细项目的设置是否符合规定的核算内容与范围，是否划清财务费用与其他费用的界限。

（4）检查利息支出明细账，审查各项借款期末应计利息有无预计入账。

（5）检查利息收入明细账，确认利息收入的真实性及正确性。

（6）检查汇兑损益明细表，检查汇兑损益计算方法是否正确，核对所用汇率是否正确，前后期是否一致。

根据上述程序，审计人员编制财务费用检查情况表。

（7）抽取资产负债表日前后若干天的凭证，实施截止测试，若存在异常迹象，应考虑是否有必要追加审计程序，对重大跨期项目应做必要调整。审计人员应编制财务费用截止测试工作底稿。

（8）检查财务费用是否已按照企业会计准则的规定在财务报表中做出恰当列报。

在上述审计程序的基础上，填列完整财务费用审定表和审计程序表。

五、实收资本实质性程序

（1）获取或编制实收资本（股本）明细表，复核加计是否正确，并与报表数、总账数和明细账合计数核对是否相符。

（2）首次接受委托的客户，取得历次验资报告，将其与账面记录、会计凭证及附件等核对。

（3）审阅公司章程、股东（大）会、董事会会议记录中有关实收资本（股本）的规定。

（4）检查投入资本是否真实存在。

（5）检查出资期限和出资方式、出资额，检查投资者是否按合同、协议、章程约定的时间和方式缴付出资额，是否已经注册会计师验证。

（6）检查实收资本（股本）增减变动的原因。

（7）检查实收资本（股本）是否已恰当列报。

在上述审计程序的基础上，填列完整实收资本审定表和审计程序表。

六、资本公积实质性程序

（1）获取或编制资本公积明细表，复核加计是否正确，并与报表数、总账数和明细账合计数核对是否相符。

（2）首次接受委托的单位，应对期初的资本公积进行追溯查验，检查原始发生的依据是否充分。

（3）根据资本公积明细账，对其明细项目的发生额逐项审查至原始凭证。

（4）检查资本公积各项目，考虑对所得税的影响。

（5）记录资本公积中不能转增资本的项目。

（6）检查资本公积是否已按照企业会计准则的规定在财务报表中做出恰当列报。

在上述审计程序的基础上，填列完整资本公积审定表和审计程序表及其他相关工作底稿。

此外，筹资与投资循环审计还涉及所得税费用、盈余公积和未分配利润等其他项目，具体实质性程序参见该项目审计程序表。

工作成果

1. 完成交易性金融资产项目审计的实质性程序，编制工作底稿：交易性金融资产审定表、代管证券询证函、交易性金融资产函证情况汇总表、交易性金融资产公允价值复核等。

2. 完成短（长）期借款审计的实质性程序，编制工作底稿：短（长）期借款审定表、短（长）期借款明细表、利息分配检查情况表和短（长）期借款检查情况表等。

3. 完成投资收益项目审计的实质性程序，编制投资收益审定表等工作底稿。

4. 完成财务费用项目审计的实质性程序，编制工作底稿：财务费用审定表、财务费用检查情况表和财务费用截止测试表等。

5. 完成所有者权益各个项目和所得税费用的实质性程序。

6. 完成筹资与投资循环其他项目的实质性程序。

审计职业圈

审计人员在对公司募集资金审计过程中，发现募集资金银行专户存在大额资金异常收支情况。该账户 2020 年 8 月转出 2 笔资金各 1 200 万元，转回 25 000 万元，均超过实际执行重要性水平 60 万元。

请思考：接下来，审计人员应执行哪些审计程序？

学习情境六

货币资金审计

[工作任务案例] 中星琪会计师事务所 & 东方公司——货币资金审计

学生通过对具体审计案例进行分析，独立执行审计程序，做出审计职业判断，完成审计工作底稿的编制。

学习目标

1. 能够运用各种审计方法完成货币资金审计的实质性程序。
2. 能够对审计中发现的问题做出职业判断，会编制调整分录。
3. 会编制货币资金各个项目的工作底稿。

学习情境设计

一、现金盘点

2020 年 1 月 15 日上午，中星琪会计师事务所审计人员李明对东方公司的库存现金进行突击盘点，盘点情况如下：

1. 现钞：100 元 166 张，50 元 198 张，20 元 100 张，10 元 80 张，5 元 20 张，2 元 8 张，1 元 4 张。

2. 2019 年 12 月 31 日至 2020 年 1 月 15 日收入现金 17 135.00 元，支出现金 6 728.56 元。

二、银行存款余额调节表

李明于 2020 年 1 月 15 日对截至 2019 年 12 月 31 日的银行存款余额进行了函证，与之前东方公司转交给事务所的银行对账单余额一致。东方公司提供的 2019 年 12 月的银行存款余额调节表如表 6－1 所示。

审计人员经检查得知，12 月共开出 6 张现金支票，支票号从 345651 到 345656。

工　具

1. 会计准则和制度、审计准则。
2. 空白工作底稿。
（1）现金实质性程序工作底稿。
（2）银行存款实质性程序工作底稿。
（3）其他货币资金实质性程序工作底稿。
3. 会计凭证和账簿资料（见审计案例资料）。

表 6-1 银行存款余额调节表

币种：人民币　　　　　　　　开户银行：工行常营分理处　　　　账号：0200012341234561234

项目		金额	项目		金额
银行对账单余额		7 906 941.98	企业银行存款日记账余额		3 806 141.98
加：企业已收、银行尚未入账金额			加：银行已收、企业尚未入账金额		
其中：	1.		其中：	1. 惠新商贸汇入	67 800.00
	2.			2. 企华公司汇入	20 000.00
	3.			3. 费用报销	15 000.00
	4.			4.	
	5.			5.	
减：企业已付、银行尚未入账金额			减：银行已付、企业尚未入账金额		
其中：	1. 归还借款	4 000 000.00	其中：	1. 提取现金	2 000.00
	2.			2.	
	3.			3.	
	4.			4.	
	5.			5.	
调整后银行对账单余额		3 906 941.98	调整后企业银行存款日记账余额		3 906 941.98

工作行动

一、现金审计

（1）核对库存现金日记账与总账的金额是否相符，检查非记账本位币库存现金的折算汇率及折算金额是否正确。填列货币资金审定表现金未审数。

（2）监盘库存现金，编制库存现金盘点表。

（3）抽查大额库存现金收支，编制货币资金检查情况表。

（4）检查现金收支的正确截止，编制货币资金截止测试表。

（5）检查现金是否在资产负债表上恰当披露。

二、银行存款审计

（1）获取或编制银行存款余额明细表，复核加计是否正确，并与总账数和日记账合计数核对是否相符；填列货币资金审定表银行存款未审数。

（2）检查银行存单，编制银行存单检查表。

（3）函证银行存款余额，编制银行存款询证函和函证结果汇总表。

（4）取得并检查银行存款余额调节表，编制未达账项检查表。

（5）检查银行存款账户存款人是否为被审计单位，若存款人非被审计单位，应获取该账户户主和被审计单位的书面声明，确认资产负债表日是否需要调整。

（6）关注是否存在质押、冻结等对变现有限制或存在境外的款项。是否已做必要的调整和披露。

（7）抽查大额银行存款收支的原始凭证，编制货币资金检查情况表。

（8）检查银行存款收支的截止是否正确，编制货币资金截止测试表。

（9）检查银行存款是否在资产负债表上恰当披露。

三、其他货币资金审计

（1）获取或编制其他货币资金明细表，复核银行汇票存款、银行本票存款、信用卡存款、信用证保证金存款、存出投资款、外埠存款等加计是否正确，并与总账数和日记明细账合计数核对是否相符。填列货币资金审定表其他货币资金未审数。

（2）检查函证银行汇票存款、银行本票存款、信用卡存款、信用证保证金存款、存出投资款、外埠存款等期末余额，编制其他货币资金函证结果汇总表，检查银行回函。

（3）检查其他货币资金存款账户存款人是否为被审计单位，若存款人非被审计单位，应获取该账户户主和被审计单位的书面声明，确认资产负债表日是否需要调整。

（4）关注是否有质押、冻结等对变现有限制或存放在境外或有潜在回收风险的款项。

（5）检查货币资金是否已按照企业会计准则的规定在财务报表中做出恰当列报。附注是否按库存现金、银行存款、其他货币资金分别列示货币资金情况。因质押或冻结等对使用有限制、存放在境外、有潜在回收风险的款项应单独说明。

在完成现金、银行存款和其他货币资金的实质性程序后，审计货币资金项目余额，完成货币资金审定表和货币资金审计程序表的编制。

工作成果

审定货币资金项目余额，完成下列工作底稿的编制：货币资金审定表、库存现金盘点表、货币资金检查情况表、货币资金截止测试表、银行存单检查表、银行存款询证函、函证结果汇总表和未达账项检查表等。

审计职业圈

未来，基于区块链的银行电子函证会逐渐被推广。2021 年 1 月 30 日，由中审众环会计师事务所发起、中国工商银行回函的首笔全流程自动化电子函证成功落地中国银行业协会银行函证区块链服务平台。该笔业务由中审众环会计师事务所于 1 月 29 日向中国工商银行总行发起，被审计企业国家电力投资集团下属公司当天通过中国工商银行企业网银完成授权，中国工商银行总行于次日通过内部数据湖和函证处理系统自动抓取数据并完成回函，中审众环会计师事务所同步收到回函并下载解密。电子函证业务有效克服了传统纸质函证模式的多种弊端，减少了会计师事务所、银行和被审计单位的人工介入，增强了业务风险管控，降低了数据错漏、泄密和舞弊风险。

请思考：未来审计人员应具备什么样的职业素养？

学习情境七

审 计 终 结

［工作任务案例］中星琪会计师事务所 & 东方公司——审计终结

学生在完成东方公司审计外勤工作的基础上，对审计中发现的问题予以汇总，做出审计职业判断，完成审计工作底稿的编制，发表审计意见。

学习目标

1. 能够完成审计终结阶段的各项审计程序。
2. 会编制调整分录汇总表等工作底稿。
3. 能够独立做出职业判断，发表审计意见。

学习情境设计

中星琪会计师事务所就有关调整事项与东方公司沟通，除一笔提取现金 1 000 元调整分录东方公司认为无关紧要无须调整外，其余均同意调整，并出具书面确认函。

工 具

1. 会计准则和制度、审计准则。
2. 空白工作底稿。
（1）账项调整分录汇总表。
（2）未更正错报汇总表。
（3）会计报表试算平衡表。
（4）审计总结。
（5）审计工作完成情况核对表。
（6）业务复核核对表。
（7）审计报告。
3. 已完成审计程序工作底稿。
4. 会计凭证和账簿资料（见审计案例资料）。

工作行动

（1）召开项目组会议，汇总审计过程中发现的审计差异，根据错报的重要性确定建议被审计单位调整的事项，编制账项调整分录汇总表、重分类调整分录汇总表、列报调整汇总表、未更正错报汇总表及试算平衡表草表。

（2）与被审计单位召开总结会，就下列事项进行沟通，形成总结会会议纪要并经双方签字认可。

1）审计意见的类型及审计报告的措辞。

2）账项调整分录汇总表、重分类调整分录汇总表、列报调整汇总表、未更正错报汇总表以及试算平衡表草表。

获得被审计单位同意账项调整、重分类调整和列报调整事项的书面确认；如果被审计单位不同意调整，应要求其说明原因。根据未更正错报的重要性，确定是否在审计报告中予以反映，以及如何反映。在就上述有关问题与治理层沟通时，提交书面沟通函，并获得治理层的确认。

（3）编制正式的试算平衡表。

（4）对财务报表进行总体复核，评价财务报表总体合理性。

（5）将项目组成员间意见分歧的解决过程，记录于专业意见分歧解决表中。汇总重大事项，编制重大事项概要。

（6）复核审计工作完成过程，编制审计工作完成情况核对表。

（7）评价审计结果，形成审计意见，并草拟审计报告。

（8）由项目负责经理复核工作底稿，编制业务复核核对表——项目负责经理复核表。

（9）由项目负责合伙人复核工作底稿，编制业务复核核对表——项目负责合伙人复核表。

（10）向适当的高级管理人员获取经签署的管理层声明书，并确定其日期与审计报告的日期一致。

（11）撰写审计总结。

（12）完成审计工作完成情况核对表。

（13）完成业务复核核对表。

（14）正式签发审计报告。

工作成果

1. 完成审计终结阶段审计工作，编制工作底稿：账项调整分录汇总表、未更正错报汇总表、会计报表试算平衡表、审计总结、审计工作完成情况核对表、业务复核核对表等。

2. 发表审计意见，出具审计报告。

审计职业圈

2021 年 1 月 30 日，ST 凯瑞公布了 2020 年年度报告，亚太为 ST 凯瑞财务报告出具了保留意见的审计报告。形成保留意见的原因节选部分内容如下：

（1）如财务报表附注“六、合并财务报表主要项目注释 5、其他应收款（一）其他应收款 4. 单项计提预期信用损失的其他应收款情况”所述，截至 2020 年 12 月 31 日，凯瑞德公司应收原股东张培峰 170 938 699.00 元，2020 年度凯瑞德公司对该项应收债权计提信用减值 145 987 829.10 元，累计计提信用减值 170 938 699.00 元。凯瑞德公司未对张培峰应收债权计提信用减值事项提供充分、适当的依据，我们无法评估其计提信用减值的合理性和准确性。

（2）如财务报表附注“六、合并财务报表主要项目注释 3、应收账款”及“注释 5、其他应收款”所述，截至 2020 年 12 月 31 日，凯瑞德公司按组合计提预期信用损失的应收账款余额为 41 418 724.75 元，坏账准备余额为 23 033 165.03 元；按组合计提预期信用损失的其他应收款账面余额为 43 305 315.02 元，坏账准备余额为 18 552 659.76 元。凯瑞德公司对上述应收款项根据各单位信用情况分别按照 5%（账龄 3 年及以内）、60%（账龄 3 年以上）计提预期信用损失。凯瑞德公司未提供预期信用损失计提比例的依据，我们无法评估其计提的合理性和充分性，亦没有获得上述应收款项可回收的充分证据。

请思考：会计师事务所关于形成保留意见的原因是否合理？审计人员在审计公司年度报告时需遵循哪些职业道德守则？

北京东方制衣有限公司
账表资料

一、北京东方制衣有限公司 2019 年 12 月 31 日资产负债表

资产负债表

会企01表

编制单位：北京东方制衣有限公司　　2019 年 12 月 31 日　　单位：元

资　产	期末余额	年初余额	负债及所有者权益	期末余额	年初余额
流动资产：			流动负债：		
货币资金	3 894 293.04		短期借款	10 000 000.00	
以公允价值计量且其变动计入当期损益的金融资产	137 600.00		以公允价值计量且其变动计入当期损益的金融负债		
应收票据			应付票据	359 108.00	
应收账款	6 857 308.41		应付账款	1 271 076.32	
预付款项	726 468.00		预收款项		
应收利息			应付职工薪酬	409 560.68	
应收股利			应交税费	741 665.05	
其他应收款	25 300.00		应付利息		
存货	6 223 093.08		应付股利		
一年内到期的非流动资产			其他应付款	137 352.60	
其他流动资产			一年内到期的非流动负债		
流动资产合计	17 864 062.53		其他流动负债		
非流动资产			流动负债合计	12 918 762.65	
可供出售金融资产			非流动负债		
持有至到期投资			长期借款	40 000.00	
长期应收款			应付债券		
长期股权投资			长期应付款		
投资性房地产			专项应付款		
固定资产	14 050 846.67		预计负债		
在建工程			递延所得税负债		
工程物资			其他非流动负债		
固定资产清理	3 300.00		非流动负债合计	40 000.00	
生产性生物资产			负债合计	12 958 762.65	
油气资产			所有者权益：		
无形资产			实收资本(或股本)	14 000 000.00	
开发支出			资本公积		
商誉			减:库存股		
长期待摊费用			其他综合收益		

续表

资　产	期末余额	年初余额	负债及所有者权益	期末余额	年初余额
递延所得税资产			盈余公积	1 244 728.12	
其他非流动资产			未分配利润	3 714 718.43	
非流动资产合计	14 054 146.67		所有者权益合计	18 959 446.55	
资产总计	31 918 209.20		负债和所有者权益总计	31 918 209.20	

二、北京东方制衣有限公司 2019 年 12 月利润表

利 润 表

会企02表

编制单位：东方制衣有限公司　　2019 年 12 月　　单位：元

项　　目	本期金额	上期金额
一、营业收入	5 453 640.00	
减：营业成本	3 455 876.44	
税金及附加	45 099.02	
销售费用	304 528.68	
管理费用	373 800.8	
财务费用	102 850	
资产减值损失	1 519.13	
加：公允价值变动收益（损失以“-”填列）	12 600.00	
投资收益（损失以“-”填列）	-562.50	
其中：对联营企业和合营企业的投资收益		
二、营业利润（亏损以“-”填列）	1 182 003.43	
加：营业外收入	300.00	
减：营业外支出	200 000.00	
其中：非流动资产处置损失		
三、利润总额（亏损总额以“-”填列）	982 303.43	
减：所得税费用	245 575.86	
四、净利润（净亏损以“-”填列）	736 727.57	
五、其他综合收益的税后净额		
六、综合收益总额		
七、每股收益		
（一）基本每股收益		
（二）稀释每股收益		

三、北京东方制衣有限公司账簿资料

现　金　日　记　账　　1

2019年 月	日	凭证号数	摘要	对方科目	借方（千百十万千百十元角分）	贷方（千百十万千百十元角分）	借或贷	余额（千百十万千百十元角分）
12	1		期初余额				借	270000
	1	银付02	提取现金	银行存款	3000000			3270000
	5	现付01	王辉报销车费	管理费用		31600		3238400
	6	银付11	提现	银行存款	10000000			13238400
	7	银付14	提现	银行存款	10000000			23238400
	7	现付02	暂借款	其他应收款		20000000		3238400
	7	现付03	预支差旅费	其他应收款		700000		2538400
	11	现付04	报销汽油费	辅助生产成本		690000		1848400
	11	现付05	报销餐费	管理费用		166400		1682000
	12	现付06	报销餐费	销售费用		90000		1592000
	12	银付24	提现	银行存款	3000000			4592000
	14	现付07	预支差旅费	其他应收款		318912		4273088
	20	现收01	收回差旅费余款	其他应收款	15768			4288856
	21	现付08	报销汽油费	辅助生产成本		890000		3398856
	21	现付09	支付职工福利	应付职工薪酬		430000		2968856
	22	现付10	报销培训费	应付职工薪酬		170000		2798856
	22	银付34	提现	银行存款	170000			2968856
	22	转13	支付差旅费	管理费用		24000		2944856
	27	现付11	购买空白凭证	财务费用		7500		2937356
			过次页		26185768	23518412		2937356

2　　现金日记账

2019年 月	日	凭证号数	摘要	对方科目	借方（千百十万千百十元角分）	贷方（千百十万千百十元角分）	借或贷	余额（千百十万千百十元角分）
12	27		承前页		26185768	23518412	借	2937356
	28	现收02	收到违章用电罚款	营业外收入	30000			2967356
	28	转16	购买电脑	固定资产		100000		2867356
	29	现付12	支付职工困难补助	应付职工薪酬		1000000		1867356
	29	现收03	暂借款	其他应付款	600000			2467356
	30	现付13	车队报销费用	辅助生产成本		1096000	借	1371356
	31		本月合计		26815768	25714412		

银行存款日记账　1

2019年 月	日	凭证号数	结算凭证 种类	结算凭证 号数	摘要	对方科目	借方	贷方	借或贷	余额
12	1				期初余额				借	500000000
	1	银收01	信汇		收到货款		13057200			513057200
	1	银付01	信汇		预付货款			16567200		496490000
	1	银付02	现支	5651	提取现金			3000000		493490000
	1	银收02	转支		收到预付款		17628000			511118000
	2	银收03	转支		收到货款		21472000			532590000
	2	银付03	转支	5201	付展销会展台租费			12720000		519870000
	3	银付04	转支	5202	归还货款			6848000		513022000
	3	银付05			缴纳增值税			39135600		473886400
	4	银付06			缴纳城建税等			3913560		469972840
	4	银付07			缴纳所得税			26520000		443452840
	5	银收04	转支		销售收款		17356800			460809640
	6	银付08	委收	3202	支付衬布价税款			4512000		456297640
	6	银付09			报销业务招待费			1500000		454797640
	6	银付10	转支	5203	支付购塑料袋款			4520000		450277640
	6	银付11	现支	5652	提现			10000000		440277640
	6	银付12	电汇		支付锅炉改造款			3600000		436677640
	6	银付13	转支	5204	支付设备运费			327000		436350640
	7	银付14	现支	5653	提现			10000000		426350640
	7	银付15	委收		支付水费			490757		425859883
	8	银收05	信汇		收回货款		33000000			458859883
	8	银付16	委收		支付电费			4726623		454133260
	8	银付17	转支	5205	支付货款			17628000		436505260
	9	银付18	转支	5206	垫付运费			360000		436145260
	10	银付19	转支	5207	购买办公用品			133820		436011440
					过次页		102514000	166502560		436011440

2　银行存款日记账

2019年 月	日	凭证号数	结算凭证 种类	结算凭证 号数	摘要	对方科目	借方	贷方	借或贷	余额
12	1				承前页		102514000	166502560	借	436011440
	10	银付20	转支	5208	交纳社会保险费			30502428		405509012
	10	银付21	转支	5209	交纳住房公积金			11218560		394290452
	11	银付22	转支 转支	5210 5211	归还货款			96900000		297390452
	12	银付23			签发银行汇票			73000000		224390452
	12	银付24	现支	5655	提现			3000000		221390452
	13	银收06			收到汇票多余款		928000			222318452
	15	银收07	委邮		收回货款		62510000			284828452
	15	银付25	转支	5212	支付职工工资			57100740		227727712
	17	银付26	转支	5213	购买办公用品			300000		227427712
	17	银付27	信汇		归还前欠货款			6000000		221427712

续表

2019年 月	日	凭证号数	结算凭证 种类	号数	摘要	对方科目	借方（千百十万千百十元角分）	贷方（千百十万千百十元角分）	借或贷	余额（千百十万千百十元角分）
	18	银付28	转支	5214	购买材料			130000		221297712
	18	银付29	转支	5215	预付货款			19210000		202087712
	18	银收08	汇票		销售收款		52884000			254971712
	19	银付30	转支	5216	购买包装物			7910000		247061712
	19	银付31	转支	5217	购进材料			2800000		244261712
	20	银付32	转支	5218	购买消防器材			2280000		241981712
	21	银付33			支付四季度利息			18427500		223554212
	22	银付34	现支	5656	提现			170000		223384212
	22	银收09			收到货款		13108000			236492212
	22	银付35			支付工资			13108000		223384212
	23	银付36	转支	5219	支付设备租金			339000		223045212
	24	银付37	转支	5220	付汽车维修款			420000		222625212
	24	银付38	转支	5221	付锅炉检测费			180000		222445212
	25	银付39	转支	5222	捐赠支出			20000000		202445212
					过次页		231944000	529498788		202445212

银行存款日记账　　3

2019年 月	日	凭证号数	结算凭证 种类	号数	摘要	对方科目	借方（千百十万千百十元角分）	贷方（千百十万千百十元角分）	借或贷	余额（千百十万千百十元角分）
12	1				承前页		231944000	529498788	借	202445212
	25	银付40	电汇		购入设备			7020000		195425212
	26	银付41	转支	5223	购买材料			240000		195185212
	26	银付42	委收		购买材料			11500000		183685212
	28	转16			购买电脑			1815534		181869678
	28	银收10	送款单		销售收款		178544520			360414198
	29	银收11			收回欠款		20000000			380414198
	30	银收12			验布机清理收入		200000		借	380614198
	31				本月合计		430688520	550074322		

明细分类账页

其他货币资金 科目 银行汇票存款　　第 1 页

2019年 月	日	凭证号数	摘要	借方（千百十万千百十元角分）	贷方（千百十万千百十元角分）	借或贷	余额（千百十万千百十元角分）
12	1		期初余额			平	0
	12	银付23	签发银行汇票	7300000			
	13	转08	付购材料款		6960800		
	13	银收06	收回多余款		339200	平	0
			本月合计	7300000	7300000		

明细分类账页

其他货币资金 科目 存出投资款　　第 2 页

2019年 月	日	凭证号数	摘要	借方	贷方	借或贷	余额
12	1		期初余额			借	20000000
	26	转15	购买股票		12556250	借	7443750
	31		本月合计		12556250		

明细分类账页

交易性金融资产 科目 成本　　第 3 页

2019年 月	日	凭证号数	摘要	借方	贷方	借或贷	余额
12	1		期初余额			平	0
	26	转15	购买股票	12500000		借	12500000
			本月合计	12500000			

明细分类账页

交易性金融资产 科目 公允价值变动　　第 4 页

2019年 月	日	凭证号数	摘要	借方	贷方	借或贷	余额
12	1		期初余额			平	0
	31	转22	按期末公允价调整	1260000		借	1260000
	31		本月合计	1260000			

明细分类账页

应收账款 科目 包头海天商贸公司　　第 5 页

2019年 月	日	凭证号数	摘要	借方	贷方	借或贷	余额
12	1		期初余额			借	44600000
	9	转04	销售货物应收款	62150000			
	9	银付18	应收垫付运费	360000			
	15	银收07	收回货款		62150000		
	31	转37	发出商品	24168000		借	69128000
	31		本月合计	86678000	62150000		69128000

明细分类账页

应收账款 科目 达成商贸公司　　　　第 6 页

2019年 月	日	凭证号数	摘要	借方（千百十万千百十元角分）	贷方（千百十万千百十元角分）	借或贷	余额（千百十万千百十元角分）
12	1		期初余额			借	13057200
	1	银收1	收到货款		13057200	平	0
	31		本月合计		13057200		

明细分类账页

应收账款 科目 惠新商贸公司　　　　第 7 页

2019年 月	日	凭证号数	摘要	借方（千百十万千百十元角分）	贷方（千百十万千百十元角分）	借或贷	余额（千百十万千百十元角分）
12	1		期初余额			平	0
	13	转07	销售服装	37290000		借	37290000
	31		本月合计	37290000			

明细分类账页

应收账款 科目 赤峰服装贸易公司　　　　第 8 页

2019年 月	日	凭证号数	摘要	借方（千百十万千百十元角分）	贷方（千百十万千百十元角分）	借或贷	余额（千百十万千百十元角分）
12	1		期初余额			平	0
	23	转14	销售货物	153680000		借	153680000
	31		本月合计	153680000			

明细分类账页

应收账款 科目 保定佳美服装贸易公司　　　　第 9 页

2019年 月	日	凭证号数	摘要	借方（千百十万千百十元角分）	贷方（千百十万千百十元角分）	借或贷	余额（千百十万千百十元角分）
12	1		期初余额			借	33000000
	8	银收05	收回货款		33000000	平	0
	31		本月合计		33000000		

明细分类账页

应收账款 科目 大同华贸服装公司 第 10 页

2019年		凭证号数	摘要	借方										贷方										借或贷	余额									
月	日			千	百	十	万	千	百	十	元	角	分	千	百	十	万	千	百	十	元	角	分		千	百	十	万	千	百	十	元	角	分
12	1		期初余额																					平								0		
	31	转36	销售服装			5	2	8	8	4	0	0	0											借			5	2	8	8	4	0	0	0
	31		本月合计			5	2	8	8	4	0	0	0																					

明细分类账页

应收账款 科目 其他单位 第 11 页

2019年		凭证号数	摘要	借方										贷方										借或贷	余额									
月	日			千	百	十	万	千	百	十	元	角	分	千	百	十	万	千	百	十	元	角	分		千	百	十	万	千	百	十	元	角	分
12	1		期初余额																					借		4	3	2	9	3	2	8	8	0

明细分类账页

预付账款 科目 明光纺织厂 第 12 页

2019年		凭证号数	摘要	借方										贷方										借或贷	余额									
月	日			千	百	十	万	千	百	十	元	角	分	千	百	十	万	千	百	十	元	角	分		千	百	十	万	千	百	十	元	角	分
12	1		期初余额																					平								0		
	1	银付01	预付账款			1	6	5	6	7	2	0	0											借			1	6	5	6	7	2	0	0
	31		本月合计			1	6	5	6	7	2	0	0																					

明细分类账页

预付账款 科目 北京大新毛纺有限公司 第 13 页

2019年		凭证号数	摘要	借方										贷方										借或贷	余额									
月	日			千	百	十	万	千	百	十	元	角	分	千	百	十	万	千	百	十	元	角	分		千	百	十	万	千	百	十	元	角	分
12	1		期初余额																					平								0		
	18	银付29	预付账款			1	9	2	1	0	0	0	0											借			1	9	2	1	0	0	0	0
	31		本月合计			1	9	2	1	0	0	0	0																					

明细分类账页

预付账款 科目 劳动保险费　　　　第 14 页

2019年		凭证号数	摘要	借方										贷方										借或贷	余额									
月	日			千	百	十	万	千	百	十	元	角	分	千	百	十	万	千	百	十	元	角	分		千	百	十	万	千	百	十	元	角	分
12	1		期初余额																					借				1	7	0	6	4	0	0
	31	转30 1/2	摊销															5	6	8	8	0	0	借				1	1	3	7	6	0	0
	31		本月合计															5	6	8	8	0	0											

明细分类账页

预付账款 科目 报刊订阅费　　　　第 15 页

2019年		凭证号数	摘要	借方										贷方										借或贷	余额									
月	日			千	百	十	万	千	百	十	元	角	分	千	百	十	万	千	百	十	元	角	分		千	百	十	万	千	百	十	元	角	分
12	1		期初余额																					借				2	4	3	6	0	0	0
	31	转30 1/2	摊销															1	8	0	0	0	0	借				2	2	5	6	0	0	0
	31		本月合计															1	8	0	0	0	0											

明细分类账页

预付账款 科目 财产保险费　　　　第 16 页

2019年		凭证号数	摘要	借方										贷方										借或贷	余额									
月	日			千	百	十	万	千	百	十	元	角	分	千	百	十	万	千	百	十	元	角	分		千	百	十	万	千	百	十	元	角	分
12	1		期初余额																					借					4	3	6	8	0	0
	31	转30 2/2	摊销															1	4	3	2	0	0	借					2	9	3	6	0	0
	31		本月合计															1	4	3	2	0	0											

明细分类账页

预付账款 科目 养路费　　　　第 17 页

2019年		凭证号数	摘要	借方										贷方										借或贷	余额									
月	日			千	百	十	万	千	百	十	元	角	分	千	百	十	万	千	百	十	元	角	分		千	百	十	万	千	百	十	元	角	分
12	1		期初余额																					借				2	8	6	0	0	0	0
	31	转30 2/2	摊销															2	2	0	0	0	0	借				2	6	4	0	0	0	0
	31		本月合计															2	2	0	0	0	0											

明细分类账页

其他应收款 科目 赵威　　　　第 18 页

2019年 月	日	凭证号数	摘要	借方（千百十万千百十元角分）	贷方（千百十万千百十元角分）	借或贷	余额（千百十万千百十元角分）
12	1		期初余额			平	0
	7	现付03	预支差旅费	400000			
	20	现收01	交回差旅费余款		15768		
	20	转11	报销差旅费		384232	平	0
	31		本月合计	400000	400000		

明细分类账页

其他应收款 科目 张洪庆　　　　第 19 页

2019年 月	日	凭证号数	摘要	借方（千百十万千百十元角分）	贷方（千百十万千百十元角分）	借或贷	余额（千百十万千百十元角分）
12	1		期初余额			平	0
	14	现付07	预支差旅费	318912			
	22	转字13	报销差旅费		318912	平	0
	31		本月合计	318912	318912		

明细分类账页

其他应收款 科目 钱红　　　　第 20 页

2019年 月	日	凭证号数	摘要	借方（千百十万千百十元角分）	贷方（千百十万千百十元角分）	借或贷	余额（千百十万千百十元角分）
12	1		期初余额			平	0
	7	现付03	预支差旅费	300000		借	300000
	31		本月合计	300000			

明细分类账页

其他应收款 科目 南通货运站　　　　第 21 页

2019年 月	日	凭证号数	摘要	借方（千百十万千百十元角分）	贷方（千百十万千百十元角分）	借或贷	余额（千百十万千百十元角分）
12	1		期初余额			平	0
	30	转18	查明材料短缺原因	1130000		借	1130000
	31		本月合计	1130000			

明细分类账页

其他应收款 科目 新新公司 第 22 页

2019年		凭证号数	摘要	借方										贷方										借或贷	余额									
月	日			千	百	十	万	千	百	十	元	角	分	千	百	十	万	千	百	十	元	角	分		千	百	十	万	千	百	十	元	角	分
12	1		期初余额																					平								0		
	7	现付02	暂借款			2	0	0	0	0	0	0	0																					
	29	银收11	收回欠款													2	0	0	0	0	0	0	0	平								0		
	31		本月合计			2	0	0	0	0	0	0	0			2	0	0	0	0	0	0	0											

明细分类账页

其他应收款 科目 备用金（运输车队） 第 23 页

2019年		凭证号数	摘要	借方										贷方										借或贷	余额									
月	日			千	百	十	万	千	百	十	元	角	分	千	百	十	万	千	百	十	元	角	分		千	百	十	万	千	百	十	元	角	分
12	1		期初余额																					借				1	0	0	0	0	0	0

明细分类账页

其他应收款 科目 备用金（销售部门） 第 24 页

2019年		凭证号数	摘要	借方										贷方										借或贷	余额									
月	日			千	百	十	万	千	百	十	元	角	分	千	百	十	万	千	百	十	元	角	分		千	百	十	万	千	百	十	元	角	分
12	1		期初余额																					借					1	0	0	0	0	0

明细分类账页

坏账准备 科目 应收账款 第 25 页

2019年		凭证号数	摘要	借方										贷方										借或贷	余额									
月	日			千	百	十	万	千	百	十	元	角	分	千	百	十	万	千	百	十	元	角	分		千	百	十	万	千	百	十	元	角	分
12	1		期初余额																					贷				1	6	3	1	3	0	2
	31	转42	计提坏账准备															1	5	1	9	1	3	贷				1	7	8	3	2	1	5
	31		本月合计															1	5	1	9	1	3											

明细分类账页

在途物资 科目　　　　　　　　　　　　　　　　第 26 页

2019年		凭证号数	摘要	借方										贷方										借或贷	余额									
月	日			千	百	十	万	千	百	十	元	角	分	千	百	十	万	千	百	十	元	角	分		千	百	十	万	千	百	十	元	角	分
12	1		期初余额																					平								0		
	6	银付08	购进衬布				4	0	0	0	0	0	0																					
	9	转05	衬布验收入库														4	0	0	0	0	0	0											
	26	银付42	购入美丽绸			1	0	2	0	0	0	0	0																					
	29	转17	购入美丽绸入库													1	0	2	0	0	0	0	0	平								0		
	31		本月合计			1	4	2	0	0	0	0	0			1	4	2	0	0	0	0	0											

明细分类账页

原材料 科目 主要材料　　　　　　　　　　　　　　第 27 页

2019年		凭证号数	摘要	借方										贷方										借或贷	余额									
月	日			千	百	十	万	千	百	十	元	角	分	千	百	十	万	千	百	十	元	角	分		千	百	十	万	千	百	十	元	角	分
12	1		期初余额																					借		2	9	1	4	8	0	0	0	0
	10	转06	购进纯毛面料入库			8	5	0	0	0	0	0	0																					
	13	转08	购进毛涤面料入库			6	1	6	0	0	0	0	0																					
	29	转17	购进美丽绸入库				9	2	0	0	0	0	0																					
	31	转20 1/2	结转材料费用												2	9	1	0	2	1	6	0	0	借		1	5	6	2	5	8	4	0	0
	31		本月合计		1	5	5	8	0	0	0	0	0		2	9	1	0	2	1	6	0	0											

材 料 明 细 账　　1

类别：主要材料　名称：纯毛面料　规格：　计量单位：米　编号：

2019年		凭单号	摘要	借方												贷方												余额											
				数量	单价	金额										数量	单价	金额										数量	单价	金额									
月	日					千	百	十	万	千	百	十	元	角	分			千	百	十	万	千	百	十	元	角	分			千	百	十	万	千	百	十	元	角	分
12	1		期初余额																									22 400	84.00		1	8	8	1	6	0	0	0	0
	3	领03	二车间领用													7 000												15 400											
	3	领04	二车间领用													4 200												11 200											
	10	收04	入库	10 000				8	5	0	0	0	0	0	0													21 200											
	16	领11	二车间领用													7 000												14 200											
	16	领12	二车间领用													4 200												10 000	84.31			8	4	3	0	5	6	0	0
	31		本月合计	10 000				8	5	0	0	0	0	0	0	22 400			1	8	8	8	5	4	4	0	0												

材料明细账 2

类别：主要材料　名称：防雨布料　规格：　计量单位：米　编号：

2019年		凭单号	摘要	借方			贷方			余额		
月	日			数量	单价	金额	数量	单价	金额	数量	单价	金额
12	1		期初余额							9 560	30.00	28680000
	3	领02	一车间领用				4 000			5 560		
	16	领10	一车间领用				4 000			1 560	30.00	4680000
	31		本月合计				8 000		24000000			

材料明细账 3

类别：主要材料　名称：毛涤面料　规格：　计量单位：米　编号：

2019年		凭单号	摘要	借方			贷方			余额		
月	日			数量	单价	金额	数量	单价	金额	数量	单价	金额
12	1		期初余额							6 000	54.00	32400000
	3	领01	一车间领用				4 400			1 600		
	13	收05	购进	11 000		61600000				12 600		
	16	领09	一车间领用				4 400			8 200	55.29	45344800
	31		本月合计	11 000		61600000	8 800		48655200			

材料明细账 4

类别：主要材料　名称：美丽绸　规格：　计量单位：米　编号：

2019年		凭单号	摘要	借方			贷方			余额		
月	日			数量	单价	金额	数量	单价	金额	数量	单价	金额
12	1		期初余额							38 400	11.00	42240000
	3	领01	一车间领用				4 000			34 400		
	3	领03	二车间领用				6 000			28 400		
	3	领04	二车间领用				3 600			24 800		
	16	领09	一车间领用				4 000			20 800		
	16	领11	二车间领用				6 000			14 800		
	16	领12	二车间领用				3 600			11 200		
	29	收10	入库	9 000		9200000				20 200	10.85	21928000
	31		本月合计	9 000		9200000	27 200		29512000			

明细分类账页

原材料 科目 辅助材料　　　　第 28 页

2019年 月	日	凭证号数	摘要	借方（千百十万千百十元角分）	贷方（千百十万千百十元角分）	借或贷	余额（千百十万千百十元角分）
12	1		期初余额			借	665300.00
	4	转02	购进纽扣入库	156000.00			
	9	转05	购进衬布入库	40000.00			
	31	转20 2/2	结转材料费用		386532.00		474768.00
	31		本月合计	196000.00	386532.00		

材料明细账

5

类别：辅助材料　名称：纽扣　规格：大扣　计量单位：枚　编号：

2019年 月	日	凭单号	摘要	借方 数量	借方 单价	借方 金额	贷方 数量	贷方 单价	贷方 金额	余额 数量	余额 单价	余额 金额
12	1		期初余额							40 000	2.85	114000.00
	3	领02	一车间领用				6 200			33 800		
	3	领03	二车间领用				6 000			27 800		
	3	领04	二车间领用				6 000			21 800		
	4	收01	入库	40 000		114800.00				61 800		
	16	领10	一车间领用				6 200			55 600		
	16	领11	二车间领用				6 000			49 600		
	16	领12	二车间领用				6 000			43 600	2.86	124696.00
	31		本月合计	40 000		114800.00	36 400		104104.00			

材料明细账

6

类别：辅助材料　名称：纽扣　规格：中扣　计量单位：枚　编号：

2019年 月	日	凭单号	摘要	借方 数量	借方 单价	借方 金额	贷方 数量	贷方 单价	贷方 金额	余额 数量	余额 单价	余额 金额
12	1		期初余额							16 000	1.30	20800.00
	3	领01	一车间领用				4 000			12 000		
	3	领02	一车间领用				6 000			6 000		
	4	收01	购入	20 000		24600.00				26 000		
	16	领09	一车间领用				4 000			22 000		
	16	领10	一车间领用				6 000			16 000	1.26	20200.00
	31		本月合计	20 000		24600.00	20 000		25200.00			

材料明细账 7

类别:辅助材料　名称:纽扣　规格:小扣　计量单位: 枚　编号:

2019年		凭单号	摘要	借方			贷方			余额		
月	日			数量	单价	金额(千百十万千百十元角分)	数量	单价	金额(千百十万千百十元角分)	数量	单价	金额(千百十万千百十元角分)
12	1		期初余额							80 000	0.80	6400000
	3	领02	一车间领用				10 000			70 000		
	3	领03	二车间领用				24 400			45 600		
	3	领04	二车间领用				12 200			33 400		
	4	收01	入库	20 000		1660000				53 400		
	16	领10	一车间领用				10 000			43 400		
	16	领11	二车间领用				24 400			19 000		
	16	领12	二车间领用				12 200			6 800	0.81	510800
	31		本月合计	20 000		1660000	93 200		7549200			

材料明细账 8

类别:辅助材料　名称:衬布　规格:　计量单位: 米　编号:

2019年		凭单号	摘要	借方			贷方			余额		
月	日			数量	单价	金额(千百十万千百十元角分)	数量	单价	金额(千百十万千百十元角分)	数量	单价	金额(千百十万千百十元角分)
12	1		期初余额							5 000	2.10	1050000
	3	领01	一车间领用				400			4 600		
	3	领03	二车间领用				2 000			2 600		
	3	领04	二车间领用				1 000			1 600		
	9	收03	入库	20 000		4000000				21 600		
	16	领09	一车间领用				400			21 200		
	16	领11	二车间领用				2 000			19 200		
	16	领12	二车间领用				1 000			18 200	2.02	3676400
	31		本月合计	20 000		4000000	6 800		686800			

材料明细账 9

类别:辅助材料　名称:垫肩　规格:　计量单位: 个　编号:

2019年		凭单号	摘要	借方			贷方			余额		
月	日			数量	单价	金额(千百十万千百十元角分)	数量	单价	金额(千百十万千百十元角分)	数量	单价	金额(千百十万千百十元角分)
12	1		期初余额							40 000	3.00	12000000
	3	领03	二车间领用				4 000			36 000		
	3	领04	二车间领用				4 000			32 000		
	16	领11	二车间领用				4 000			28 000		
	16	领12	二车间领用				4 000			24 000	3.00	7200000
	31		本月合计				16 000		4800000			

材料明细账 10

类别：辅助材料　名称：轴线　规格：　计量单位：个　编号：

2019年 月	日	凭单号	摘要	借方 数量	借方 单价	借方 金额	贷方 数量	贷方 单价	贷方 金额	余额 数量	余额 单价	余额 金额
12	1		期初余额							30 000	10.00	30000000
	8	领07	一车间领用				4 000			13 000		
	8	领08	二车间领用				6 000			20 000	10.00	20000000
	31		本月合计				10 000		10000000			

材料明细账 11

类别：辅助材料　名称：腰带扣　规格：　计量单位：个　编号：

2019年 月	日	凭单号	摘要	借方 数量	借方 单价	借方 金额	贷方 数量	贷方 单价	贷方 金额	余额 数量	余额 单价	余额 金额
12	1		期初余额							16 000	0.50	800000
	3	领02	一车间领用				4 000			12 000		
	16	领10	一车间领用				4 000			8 000	0.50	400000
	31		本月合计				8 000		400000			

材料明细账 12

类别：辅助材料　名称：铜制拉链　规格：　计量单位：条　编号：

2019年 月	日	凭单号	摘要	借方 数量	借方 单价	借方 金额	贷方 数量	贷方 单价	贷方 金额	余额 数量	余额 单价	余额 金额
12	1		期初余额							7 000	4.00	2800000
	3	领01	领用				2 000			5 000		
	16	领09	一车间领用				2 000			3 000	4.00	1200000
	31		本月合计				4 000		1600000			

明细分类账页

原材料 科目 修理备件　　　　第 29 页

2019年 月	日	凭证号数	摘要	借方（千百十万千百十元角分）	贷方（千百十万千百十元角分）	借或贷	余额（千百十万千百十元角分）
12	1		期初余额			借	2390000
	31	转20 2/2	结转材料费用		180000	借	2210000
	31		本月合计		180000		

材料明细账 13

类别：修理备件　名称：101#　规格：　计量单位：个　编号：

2019年 月	日	凭单号	摘要	借方 数量	借方 单价	借方 金额（千百十万千百十元角分）	贷方 数量	贷方 单价	贷方 金额（千百十万千百十元角分）	余额 数量	余额 单价	余额 金额（千百十万千百十元角分）
12	1		期初余额							400	20.00	800000
	24	领17	机修领用				20			380	20.00	760000
	31		本月合计				20		40000			

材料明细账 14

类别：修理备件　名称：102#　规格：　计量单位：个　编号：

2019年 月	日	凭单号	摘要	借方 数量	借方 单价	借方 金额（千百十万千百十元角分）	贷方 数量	贷方 单价	贷方 金额（千百十万千百十元角分）	余额 数量	余额 单价	余额 金额（千百十万千百十元角分）
12	1		期初余额							360	15.00	540000

材料明细账 15

类别：修理备件　名称：103#　规格：　计量单位：个　编号：

2019年 月	日	凭单号	摘要	借方 数量	借方 单价	借方 金额（千百十万千百十元角分）	贷方 数量	贷方 单价	贷方 金额（千百十万千百十元角分）	余额 数量	余额 单价	余额 金额（千百十万千百十元角分）
12	1		期初余额							300	35.00	1050000
	24	领17	机修领用				40		140000	260	35.00	910000
	31		本月合计				40		140000			

明细分类账页

原材料 科目 消耗材料　　　　第 30 页

2019年 月	日	凭证号数	摘要	借方	贷方	借或贷	余额
12	1		期初余额			借	156000
	18	银付28	购进缝纫机油	130000			
	19	银付31	购进缝纫针	2800000			
	31	转20 2/2	结转材料费用		52000	借	3034000
	31		本月合计	2930000	52000		

材料明细账　　16

类别：消耗材料　名称：缝纫机油　规格：　计量单位：瓶　编号：

2019年 月	日	凭单号	摘要	借方 数量	借方 单价	借方 金额	贷方 数量	贷方 单价	贷方 金额	余额 数量	余额 单价	余额 金额
12	1		期初余额							40	6.50	26000
	18	收06	入库	200		130000				240		
	24	领15	一车间领用				40			200		
	24	领16	二车间领用				40			160	6.50	104000
	31		本月合计	200		130000	80		52000			

材料明细账　　17

类别：消耗材料　名称：缝纫针　规格：　计量单位：袋　编号：

2019年 月	日	凭单号	摘要	借方 数量	借方 单价	借方 金额	贷方 数量	贷方 单价	贷方 金额	余额 数量	余额 单价	余额 金额
12	1		期初余额							100	13.00	130000
	19	收09	入库	2 000		2800000				2100	13.95	2930000
	31		本月合计	2 000		2800000						

明细分类账页

周转材料 科目 包装物　　　　第 31 页

2019年 月	日	凭证号数	摘要	借方（千百十万千百十元角分）	贷方（千百十万千百十元角分）	借或贷	余额（千百十万千百十元角分）
12	1		期初余额			借	20900000
	6	银付10	购进塑料袋	4000000			
	19	银付30	购进衣架	7000000			
	31	转21	结转包装物成本		11120000	借	20780000
	31		本月合计	11000000	11120000		

周转材料明细账

18

类别：包装物　名称：塑料袋　规格：　计量单位：个　编号：

2019年 月	日	凭单号	摘要	借方 数量	借方 单价	借方 金额（千百十万千百十元角分）	贷方 数量	贷方 单价	贷方 金额（千百十万千百十元角分）	余额 数量	余额 单价	余额 金额（千百十万千百十元角分）
12	1		期初余额							6 000	1.00	600000
	3	领05	一车间领用				4 000			2 000		
	6	收02	入库	40 000	1.00	4000000				42 000		
	16	领13	一车间领用				4 000			38 000	1.00	3800000
	31		本月合计	40 000		4000000	8 000		800000			

周转材料明细账

19

类别：包装物　名称：无纺布西服套　规格：　计量单位：个　编号：

2019年 月	日	凭单号	摘要	借方 数量	借方 单价	借方 金额（千百十万千百十元角分）	贷方 数量	贷方 单价	贷方 金额（千百十万千百十元角分）	余额 数量	余额 单价	余额 金额（千百十万千百十元角分）
12	1		期初余额							18 000	9.50	17100000
	3	领06	二车间领用				4 000			14 000		
	16	领14	二车间领用				4 000			10 000	9.50	9500000
	31		本月合计				8 000		7600000			

周转材料明细账

20

类别：包装物　名称：衣架　规格：　计量单位：个　编号：

2019年 月	日	凭单号	摘要	借方 数量	借方 单价	借方 金额（千百十万千百十元角分）	贷方 数量	贷方 单价	贷方 金额（千百十万千百十元角分）	余额 数量	余额 单价	余额 金额（千百十万千百十元角分）
12	1		期初余额							10 000	3.20	3200000
	3	领06	二车间领用				4 000			6 000		
	16	领14	二车间领用				4 000			2 000		
	19	收08	购入	20 000		7000000				22 000	3.40	7480000
	31		本月合计	20 000		7000000	8 000		2720000			

明细分类账页

周转材料 科目 低值易耗品（专用工具）　　第 32 页

2019年 月	日	凭证号数	摘要	借方（千百十万千百十元角分）	贷方（千百十万千百十元角分）	借或贷	余额（千百十万千百十元角分）
12	1		期初余额			借	900000
	21	转12	机修车间领用		210000	借	690000
	31		本月合计		210000		

库存商品明细账

21

名称：男式西服套装　规格：　计量单位：套　编号：

2019年 月	日	凭单号	摘要	借方 数量	借方 单价	借方 金额（千百十万千百十元角分）	贷方 数量	贷方 单价	贷方 金额（千百十万千百十元角分）	余额 数量	余额 单价	余额 金额（千百十万千百十元角分）
12	1		期初余额							1 960	464.80	91100800
	2	出01	销售				400			1 560		
	5	出02	销售				120			1 440		
	15	入02	入库	2 000						3 440		
	18	出05	销售				600			2 840		
	23	出06	销售				1 000			1 840		
	27	委出	委托代销				400			1 440		
	28	出07	销售				700			740		
	30	入04	入库	2 000						2 740		
	31	出08	销售				600			2 140		
	31	转39	结转发出成本						174352440	2 140	456.42	97672166
	31		本月合计	4 000		180923806	3 820		174352440			

库存商品明细账

22

名称：男式休闲西服上衣　　规格：　　计量单位：件　　编号：

2019年		凭单号	摘要	借方			贷方			余额		
月	日			数量	单价	金额	数量	单价	金额	数量	单价	金额
12	1		期初余额							2 300	298.85	68735500
	2	出01	销售				400			1 900		
	15	入02	入库	2 000						3 900		
	23	出06	销售				1 000			3 100		
	27	委出	委托代销				800			2 100		
	28	出07	销售				1 220			880		
	30	入04	入库	2 000						2 880		
	31	转39	结转成本						99648540	2 880	291.37	83914084
	31		本月合计	4 000		114827124	3 420		99648540			

库存商品明细账

23

名称：男式夹克　　规格：　　计量单位：件　　编号：

2019年		凭单号	摘要	借方			贷方			余额		
月	日			数量	单价	金额	数量	单价	金额	数量	单价	金额
12	1		期初余额							2 400	195.20	46848000
	5	出02	销售				200			2 200		
	9	出03	销售				1 000			1 200		
	13	出04	销售				600			600		
	15	入01	入库	2 000						2 600		
	27	委出	委托代销				800			1 800		
	28	出07	销售				840			960		
	30	入03	入库	2 000						2 960		
	31	转39	结转成本						67358640	2 960	195.81	57959396
	31		本月合计	4 000		78470036	3 440		67358640			

库存商品明细账

24

名称：女式风衣　　　　规格：　　　　计量单位：件　　　　编号：

2019年		凭单号	摘要	借方												贷方												余额											
				数量	单价	金额										数量	单价	金额										数量	单价	金额									
月	日					千	百	十	万	千	百	十	元	角	分			千	百	十	万	千	百	十	元	角	分			千	百	十	万	千	百	十	元	角	分
12	1		期初余额																									2 500	121.10			3	0	2	7	5	0	0	0
	9	出03	销售													1 000												1 500											
	13	出04	销售													600												900											
	15	入01	入库	2 000																								2 900											
	27	委出	委托代销													800												2 100											
	28	出07	销售													1 000												1 100											
	30	入03	入库	2 000																								3 100											
	31	出09	发出商品													2 000				2	4	1	6	8	0	0	0	1 100											
	31	出10	发放服装													486					5	8	7	2	8	2	4	614											
	31	转39	结转成本																	4	1	0	8	5	6	0	0	614	120.84				7	4	1	8	5	1	2
	31		本月合计	4 000				4	8	2	6	9	9	3	6	5 886				7	1	1	2	6	4	2	4												

明细分类账页

委托代销商品 科目 兴隆百货　　　　第 33 页

2019年		凭证号数	摘要	借方										贷方										借或贷	余额									
月	日			千	百	十	万	千	百	十	元	角	分	千	百	十	万	千	百	十	元	角	分		千	百	十	万	千	百	十	元	角	分
12	1		期初余额																					平								0		
	31	转39	转入委托代销商品成本			6	6	8	9	8	4	0	0											借			6	6	8	9	8	4	0	0
	31		本月合计			6	6	8	9	8	4	0	0																					

基本生产成本 明细账

1

科目名称：男式西服套装

2019年 月	日	凭单号	摘要	借方	贷方	借或贷	余额	（借）方金额分析 直接材料	直接人工	制造费用					
12	1		期初余额			借	359700.00	359700.00							
	31	转20 1/2	材料费用	1416468.00				1416468.00							
	31	转21	包装费	51600.00				51600.00							
	31	转24 1/2	分配工资	167939.64					167939.64						
	31	转25 1/2	计提社会保险费	55084.20					55084.20						
	31	转26 1/3	计提工会经费等	19313.08					19313.08						
	31	转27 1/2	计提福利费	3358.80					3358.80						
	31	转34	分配制造费用	96172.74						96172.74					
	31	转35 2/2	结转完工产品成本		1809233.06		360398.40	1467369.60	245695.72	96172.74					
	31		本月合计	1809936.46	1809233.06		360398.40	360398.40	0	0					

基本生产成本 明细账

科目名称：男式休闲西服

2019年 月	日	凭单号	摘要	借方	贷方	借或贷	余额	（借）方金额分析 直接材料	直接人工	制造费用
12	1		期初余额			借	21582000	21582000		
	31	转20 1/2	材料费用	8684800				8684800		
	31	转21	包装费	5160000				5160000		
	31	转24 1/2	分配工资	11206036					11206036	
	31	转25 1/2	计提社保费	3675580					3675580	
	31	转26 1/3	计提工会经费等	1288692					1288692	
	31	转27 1/2	计提福利费	224120					224120	
	31	转34	分配制造费用	6469806						6469806
	31	转35 2/2	结转完工产品成本		114827124	借	21623910	91962890	16394428	6469806
	31		本月合计	114869034	114827124		21623910	21623910	0	0

基本生产成本 明细账

科目名称：男式夹克

2019年 月	日	凭单号	摘要	借方	贷方	借或贷	余额	借方金额分析 直接材料	借方金额分析 直接人工	借方金额分析 制造费用					
12	1		期初余额			借	14080000	14080000							
	31	20 1/2	材料费用	60104800				60104800							
	31	转21	包装费	400000				400000							
	31	转24 1/2	分配工资	8351688					8351688						
	31	转25 1/2	计提社保费	2739354					2739354						
	31	转26 1/3	计提工会经费等	960446					960446						
	31	转27 1/2	计提福利费	167034					167034						
	31	转34	分配制造费用	6000514						6000514					
	31	转35 1/2	结转完工产品成本		78470036	借	1433800	60251000	12218522	6000514					
	31		本月合计	78723836	78470036	借	1433800	1433800	0	0					

基本生产成本 明细账

科目名称：女式风衣

2019年 月	日	凭单号	摘要	借方	贷方	借或贷	余额	借方金额分析：直接材料	直接人工	制造费用					
12	1		期初余额			借	60000.00	60000.00							
	31	20 1/2	材料费用	310784.00				310784.00							
	31	转21	包装费	4000.00				4000.00							
	31	转24 1/2	分配工资	77083.12					77083.12						
	31	转25 1/2	计提社保费	25283.26					25283.26						
	31	转26 1/3	计提工会经费等	8864.54					8864.54						
	31	转27 1/2	计提福利费	1541.66					1541.66						
	31	转34	分配制造费用	55142.78						55142.78					
	31	转35 1/2	结转完工产品成本		482699.36	借	60000.00	314784.00	112772.58	55142.78					
	31		本月合计	482699.36	482699.36	借	60000.00	60000.00	0	0					

辅助生产成本 明细账

科目名称：运输车队

2019年 月	日	凭单号	摘要	借方	贷方	借或贷	余额	借（借）方金额分析：材料费用	人工费用	其他费用				
12	1		期初余额			平	0							
	10	银付19	领用办公用品	109.60						109.60				
	11	现付04	汽油费、过路费	6900.00				6000.00		900.00				
	20	银付32	领用消防器材	2800.00						2800.00				
	21	现付08	汽油费、过路费	8900.00				7000.00		1900.00				
	30	现付13	报销汽油、过路费	10960.00				9000.00		1960.00				
	31	转24 1/2	分配工资	23600.00					23600.00					
	31	转25 1/2	计提社保费	7740.80					7740.80					
	31	转26 1/3	计提工会经费等	2714.00					2714.00					
	31	转27 1/2	计提福利费	472.00					472.00					
	31	转28 1/2	计提折旧	13420.00						13420.00				
	31	转30 1/2	摊销费用	792.00						792.00				
	31	转31 1/2	分配水电费	255.62						255.62				
	31	转32	与机修车间交互分配	5639.90	1575.50					5639.90				
	31	转33	分配辅助生产成本		82728.42									
	31		本月合计	84303.92	84303.92	平	0	22000.00	34526.80	27777.12				

辅助生产成本 明细账

6

科目名称：机修动力车间

2019年 月	日	凭单号	摘要	借方	贷方	借或贷	余额	借（借）方金额分析：材料费用	人工费用	其他费用			
12	1		期初余额			平	0						
	10	银付19	领用办公用品	10960						10960			
	20	银付32	领用消防器材	280000						280000			
	21	转12	领用工具	210000				210000					
	23	银付36	设备租金	300000						300000			
	24	银付38	锅炉检测费	180000						180000			
	31	转20 1/2	材料费用	180000				180000					
	31	转24 1/2	分配工资	2296000					2296000				
	31	转25 1/2	计提社保费	753088					753088				
	31	转26 1/3	计提工会经费等	264040					264040				
	31	转27 1/2	计提福利费	45920					45920				
	31	转28 1/2	计提折旧	932000						932000			
	31	转30 1/2	摊销费用	19200						19200			
	31	转31 1/2	分配水电费	873676						873676			
	31	转32	与车队交互分配	157550	563990								
	31	转33	分配辅助生产成本		5938444								
	31		本月合计	6502434	6502434	平	0	390000	3359048	2595836			

明细分类账页

制造费用 科目 一车间　　　　第 34 页

2019年 月	日	凭证号数	摘要	借方	贷方	借或贷	余额
12	1		期初余额			平	0
	10	银付19	领用办公用品	18600			
	20	银付32	领用消防器材	488000			
	26	银付41	购买样板纸	120000			
	31	转20 1/2	材料费用	4026000			
	31	转24 1/2	分配工资	1020000			
	31	转25 1/2	计提社保费	334560			
	31	转26 2/3	计提工会经费等	117300			
	31	转27 2/2	计提福利费	20400			
	31	转28 1/2	计提折旧	966000			
	31	转30 1/2	摊销费用	148800			
	31	转31 1/2	分配水电费	1453702			
	31	转33	分配辅助生产成本	2801430			
	31	转34	分配制造费用		11514792	平	0
	31		本月合计	11514792	11514792		

明细分类账页

制造费用 科目 二车间　　　　第 35 页

2019年 月	日	凭证号数	摘要	借方	贷方	借或贷	余额
12	1		期初余额			平	0
	10	银付19	领用办公用品	20340			
	20	银付32	领用消防器材	488000			
	26	银付41	购买样板纸	120000			
	31	转20 2/2	材料费用	6026000			
	31	转24 2/2	分配工资	1700000			
	31	转25 1/2	计提社保费	557600			
	31	转26 2/3	计提工会经费等	195500			
	31	转27 2/2	计提福利费	34000			
	31	转28 1/2	计提折旧	1171000			
	31	转30 1/2	摊销费用	252000			
	31	转31 1/2	分配水电费	2009472			
	31	转33	分配辅助生产成本	3513168			
	31	转34	分配制造费用		16087080	平	0
	31		本月合计	16087080	16087080		

明细分类账页

固定资产 科目 房屋建筑物　　　　第 36 页

2019年		凭证号数	摘要	借方										贷方										借或贷	余额									
月	日			千	百	十	万	千	百	十	元	角	分	千	百	十	万	千	百	十	元	角	分		千	百	十	万	千	百	十	元	角	分
12	1		期初余额																					借	1	4	0	8	0	0	0	0	0	0

明细分类账页

固定资产 科目 机械设备　　　　第 37 页

2019年		凭证号数	摘要	借方										贷方										借或贷	余额									
月	日			千	百	十	万	千	百	十	元	角	分	千	百	十	万	千	百	十	元	角	分		千	百	十	万	千	百	十	元	角	分
12	1		期初余额																					借		2	7	6	0	0	0	0	0	0
	6	转03	转入锅炉改造成本			1	7	6	0	0	0	0	0																					
	25	银付40	购入平缝机				7	0	2	0	0	0	0																					
	30	转19	注销报废验布机原值														2	7	0	0	0	0	0	借		2	9	7	9	2	0	0	0	0
	31		本月合计			2	4	6	2	0	0	0	0				2	7	0	0	0	0	0											

明细分类账页

固定资产 科目 运输设备　　　　第 38 页

2019年		凭证号数	摘要	借方										贷方										借或贷	余额									
月	日			千	百	十	万	千	百	十	元	角	分	千	百	十	万	千	百	十	元	角	分		千	百	十	万	千	百	十	元	角	分
12	1		期初余额																					借			5	4	0	0	0	0	0	0

明细分类账页

固定资产 科目 办公设备　　　　第 39 页

2019年		凭证号数	摘要	借方										贷方										借或贷	余额									
月	日			千	百	十	万	千	百	十	元	角	分	千	百	十	万	千	百	十	元	角	分		千	百	十	万	千	百	十	元	角	分
12	1		期初余额																					借			2	4	0	0	0	0	0	0
	28	转16	购入电脑				1	7	0	6	6	6	7											借			2	5	7	0	6	6	6	7
	31		本月合计				1	7	0	6	6	6	7																					

明细分类账页

累计折旧 科目　　　　　　　　　　　　　　　　　　第 40 页

2019年		凭证号数	摘要	借方										贷方										借或贷	余额									
月	日			千	百	十	万	千	百	十	元	角	分	千	百	十	万	千	百	十	元	角	分		千	百	十	万	千	百	十	元	角	分
12	1		期初余额																					贷		3	7	6	7	3	6	0	0	0
	30	转19	注销验布机折旧					2	3	7	0	0	0																					
	31	转28 2/2	计提折旧														6	1	7	6	0	0	0	贷		3	8	0	5	4	2	0	0	0
	31		本月合计					2	3	7	0	0	0				6	1	7	6	0	0	0											

明细分类账页

在建工程 科目 锅炉改造　　　　　　　　　　　　　　　第 41 页

2019年		凭证号数	摘要	借方										贷方										借或贷	余额									
月	日			千	百	十	万	千	百	十	元	角	分	千	百	十	万	千	百	十	元	角	分		千	百	十	万	千	百	十	元	角	分
12	1		期初余额																					借			1	4	0	0	0	0	0	0
	6	银付12	支付工程款				3	6	0	0	0	0	0																					
	6	转03	结转完工成本													1	7	6	0	0	0	0	0	平								0		
	31		本月合计				3	6	0	0	0	0	0			1	7	6	0	0	0	0	0											

明细分类账页

固定资产清理 科目 验布机　　　　　　　　　　　　　　第 42 页

2019年		凭证号数	摘要	借方										贷方										借或贷	余额									
月	日			千	百	十	万	千	百	十	元	角	分	千	百	十	万	千	百	十	元	角	分		千	百	十	万	千	百	十	元	角	分
12	1		期初余额																					平								0		
	30	转19	验布机报废					3	3	0	0	0	0											借					3	3	0	0	0	0
	31		本月合计					3	3	0	0	0	0																					

明细分类账页

待处理财产损溢 科目　　　　　　　　　　　　　　　　　　　第 43 页

2019年		凭证号数	摘要	借方										贷方										借或贷	余额									
月	日			千	百	十	万	千	百	十	元	角	分	千	百	十	万	千	百	十	元	角	分		千	百	十	万	千	百	十	元	角	分
12	1		期初余额																					平								0		
	29	转17	购入美丽绸短缺				1	0	0	0	0	0	0															1	0	0	0	0	0	0
	30	转18	查明原因转销														1	0	0	0	0	0	0	平								0		
	31		本月合计				1	0	0	0	0	0	0				1	0	0	0	0	0	0											

明细分类账页

短期借款 科目 流动资金借款　　　　　　　　　　　　　　　　　第 1 页

2019年		凭证号数	摘要	借方										贷方										借或贷	余额									
月	日			千	百	十	万	千	百	十	元	角	分	千	百	十	万	千	百	十	元	角	分		千	百	十	万	千	百	十	元	角	分
12	1		期初余额																					贷	1	0	0	0	0	0	0	0	0	0

明细分类账页

应付账款 科目 北京大新毛纺有限公司　　　　　　　　　　　　　第 2 页

2019年		凭证号数	摘要	借方										贷方										借或贷	余额									
月	日			千	百	十	万	千	百	十	元	角	分	千	百	十	万	千	百	十	元	角	分		千	百	十	万	千	百	十	元	角	分
12	1		期初余额																					贷				6	8	4	8	0	0	0
	3	银付04	归还货款				6	8	4	8	0	0	0																					
	10	转06	购进纯毛料应付款													9	6	0	5	0	0	0	0											
	11	银付22	归还货款			9	6	0	5	0	0	0	0											贷								0		
	31		本月合计		1	0	2	8	9	8	0	0	0			9	6	0	5	0	0	0	0											

明细分类账页

应付账款 科目 北京利顺纽扣有限公司　　　　　　　　　　　　　第 3 页

2019年		凭证号数	摘要	借方										贷方										借或贷	余额									
月	日			千	百	十	万	千	百	十	元	角	分	千	百	十	万	千	百	十	元	角	分		千	百	十	万	千	百	十	元	角	分
12	1		期初余额																					平								0		
	4	转02	购进纽扣													1	7	6	2	8	0	0	0	贷			1	7	6	2	8	0	0	0
	31		本月合计													1	7	6	2	8	0	0	0											

明细分类账页

应付账款 科目 新华百货公司　　　　第 4 页

2019年 月	日	凭证号数	摘要	借方（千百十万千百十元角分）	贷方（千百十万千百十元角分）	借或贷	余额（千百十万千百十元角分）
12	1		期初余额			贷	6000000
	17	银付27	归还前欠货款	6000000		平	0
	31		本月合计	6000000			

明细分类账页

应付账款 科目 东华服装公司　　　　第 5 页

2019年 月	日	凭证号数	摘要	借方（千百十万千百十元角分）	贷方（千百十万千百十元角分）	借或贷	余额（千百十万千百十元角分）
12	1		期初余额			平	0
	1	银收02	收到预付货款		17628000		
	8	银付17	支付货款	17628000		平	0
	31		本月合计	17628000	17628000		

明细分类账页

应付账款 科目 无锡纺织有限公司　　　　第 6 页

2019年 月	日	凭证号数	摘要	借方（千百十万千百十元角分）	贷方（千百十万千百十元角分）	借或贷	余额（千百十万千百十元角分）
12	1		期初余额			贷	52884034

明细分类账页

应付账款 科目 绍兴天宇纺织品有限公司　　　　第 7 页

2019年 月	日	凭证号数	摘要	借方（千百十万千百十元角分）	贷方（千百十万千百十元角分）	借或贷	余额（千百十万千百十元角分）
12	1		期初余额			贷	52345598

明细分类账页

应付账款 科目 水电费　　　　第 8 页

2019年 月	日	凭证号数	摘要	借方	贷方	借或贷	余额
12	1		期初余额			平	0
	7	银付15	支付水费	450236			
	8	银付16	支付电费	4182852			
	31	转31 2/2	分配水电费		4633088	平	0
	31		本月合计	4633088	4633088		

明细分类账页

应付账款 科目 小小设备公司　　　　第 9 页

2019年 月	日	凭证号数	摘要	借方	贷方	借或贷	余额
12	1		期初余额			平	0
	30	银收12	验布机清理费用		200000	贷	200000
	31		本月合计		200000		

明细分类账页

应付账款 科目 金华公司　　　　第 10 页

2019年 月	日	凭证号数	摘要	借方	贷方	借或贷	余额
12	1		期初余额			平	0
	11	银付22	归还货款	850000			
	15	转09	销售服装		4900000	贷	4050000
	31		本月合计	850000	4900000		

明细分类账页

应付票据 科目 金华纺织厂　　　　第 11 页

2019年 月	日	凭证号数	摘要	借方	贷方	借或贷	余额
12	1		期初余额			贷	35910800

明细分类账页

预收账款 科目 天成商贸公司　　　　第 12 页

2019年 月	日	凭证号数	摘要	借方	贷方	借或贷	余额
12	1		期初余额			贷	40000000
	2	转01	销售服装	61472000			
	2	银收03	收到货款		21472000	平	0
	31		本月合计	61472000	21472000		

明细分类账页

应付职工薪酬 科目 工资　　　　第 13 页

2019年 月	日	凭证号数	摘要	借方	贷方	借或贷	余额
12	1		期初余额			平	0
	15	银付25	支付工资	57100740			
	15	转10	代扣社保、公积金	13135260			
	22	银收09	收到货款		13108000		
	22	银付35	支付工资	13108000			
	31	转24 2/2	分配工资		70236000	平	0
	31		本月合计	83344000	83344000		

明细分类账页

应付职工薪酬 科目 职工福利　　　　第 14 页

2019年 月	日	凭证号数	摘要	借方	贷方	借或贷	余额
12	1		期初余额			贷	25280
	21	现付09	支付职工福利	430000			
	29	现付12	支付职工困难补助	1000000			
	31	转27 2/2	计提福利费		1404720	平	0
	31		本月合计	1430000	1404720		

明细分类账页

应付职工薪酬 科目 职工教育经费　　第 15 页

2019年 月	日	凭证号数	摘要	借方	贷方	借或贷	余额
12	1		期初余额			贷	3770000
	22	现付10	报销培训费	170000			
	31	转26 2/3	提取教育经费		1053540	贷	4653540
	31		本月合计	170000	1053540		

明细分类账页

应付职工薪酬 科目 工会经费　　第 16 页

2019年 月	日	凭证号数	摘要	借方	贷方	借或贷	余额
12	1		期初余额			贷	6241520
	31	转26 2/3	提取工会经费		1404720	贷	7646240
	31		本月合计		1404720		

明细分类账页

应付职工薪酬 科目 社会保险费　　第 17 页

2019年 月	日	凭证号数	摘要	借方	贷方	借或贷	余额
12	1		期初余额			贷	22998048
	10	银付20	缴纳社会保险费	22998048			
	31	转25 2/2	计提社保费		23037408	贷	23037408
	31		本月合计	22998048	23037408		

明细分类账页

应付职工薪酬 科目 住房公积金　　第 18 页

2019年 月	日	凭证号数	摘要	借方	贷方	借或贷	余额
12	1		期初余额			贷	5609280
	10	银付21	缴纳住房公积金	5609280			
	31	转26 3/3	提取住房公积金		5618880	贷	5618880
	31		本月合计	5609280	5618880		

应交税费（增值税）明细账

2019年 月	日	凭证 种类	凭证 号数	摘要	借方 合计	借方 进项税额	借方 已交税金	借方 转出未交增值税
12	1			承前页				
	2	转	01	销售服装				
	2	银付	03	付展台租费	7200.00	7200.00		
	4	转	02	购进纽扣	20280.00	20280.00		
	5	银收	04	销售服装				
	6	银付	08	购进衬布	4940.00	4940.00		
	6	银付	10	购进塑料袋	3200.00	5200.00		
	6	银付	13	支付设备运费	270.00	270.00		
	7	银付	15	支付水费	405.21	405.21		
	8	银付	16	支付电费	5437.71	5437.71		
	9	转	04	销售服装				
	10	转	06	购进纯毛面料	110500.00	110500.00		
	13	转	07	销售服装				
	13	转	08	购进毛涤面料	80080.00	80080.00		
	18	银收	08	销售服装				
	19	银付	30	购进衣架	9100.00	9100.00		
	20	转	11	报销差旅费	202.32	202.32		
	22	现付	13	报销差旅费	189.12	189.12		
	23	转	14	销售服装				
	23	银付	36	支付设备租金	390.00	390.00		
	26	银付	42	购进美丽绸	13000.00	13000.00		
	28	转	16	购入电脑	2088.67	2088.67		
	28	银收	10	销售服装				
	30	转	18	材料短缺转出增值税				
	31	转	36	销售服装				
	31	转	40	转出未交增值税	450990.17			450990.17
	31			本月合计	710273.20	259283.03		450990.17

应交税费（增值税）明细账

贷方 合计	贷方 销项税额	贷方 出口退税	贷方 进项税额转出	贷方 转出多交增值税	借或贷	余额
					平	0
70720.00	70720.00					
19968.00	19968.00					
71500.00	71500.00					
42900.00	42900.00					
60840.00	60840.00					
176800.00	176800.00					
205405.20	205405.20					
1300.00			1300.00			
60840.00	60840.00					
710273.20	708973.20		1300.00			

明细分类账页

应交税费 科目 未交增值税　　　　第 19 页

2019年 月	日	凭证号数	摘要	借方（千百十万千百十元角分）	贷方（千百十万千百十元角分）	借或贷	余额（千百十万千百十元角分）
12	1		期初余额			贷	39135600
	3	银付05	缴纳增值税	39135600			
	31	转40	转入未交增值税		45099017	贷	45099017
	31		本月合计	39135600	45099017		

明细分类账页

应交税费 科目 应交城建税　　　　第 20 页

2019年 月	日	凭证号数	摘要	借方（千百十万千百十元角分）	贷方（千百十万千百十元角分）	借或贷	余额（千百十万千百十元角分）
12	1		期初余额			贷	2739492
	4	银付06	缴纳上月城建税	2739492			
	31	转41	计提城建税		3156931	贷	3156931
	31		本月合计	2739492	3156931		

明细分类账页

应交税费 科目 应交教育费附加　　　　第 21 页

2019年 月	日	凭证号数	摘要	借方（千百十万千百十元角分）	贷方（千百十万千百十元角分）	借或贷	余额（千百十万千百十元角分）
12	1		期初余额			贷	1174068
	4	银付06	缴纳教育费附加	1174068			
	31	转41	计提教育费附加		1352971	贷	1352971
	31		本月合计	1174068	1352971		

明细分类账页

应交税费 科目 应交所得税　　　　第 22 页

2019年		凭证号数	摘要	借方										贷方										借或贷	余额									
月	日			千	百	十	万	千	百	十	元	角	分	千	百	十	万	千	百	十	元	角	分		千	百	十	万	千	百	十	元	角	分
12	1		期初余额																					贷			2	6	5	2	0	0	0	0
	4	银付07	缴纳所得税			2	6	5	2	0	0	0	0																					
	31	转44	计提所得税													2	4	5	5	7	5	8	6	贷			2	4	5	5	7	5	8	6
	31		本月合计			2	6	5	2	0	0	0	0			2	4	5	5	7	5	8	6											

明细分类账页

应交税费 科目 土地使用税　　　　第 23 页

2019年		凭证号数	摘要	借方										贷方										借或贷	余额									
月	日			千	百	十	万	千	百	十	元	角	分	千	百	十	万	千	百	十	元	角	分		千	百	十	万	千	百	十	元	角	分
12	1		期初余额																					借				1	6	9	2	0	0	0
	31	转29	计提土地使用税														1	6	9	2	0	0	0	平								0		
	31		本月合计														1	6	9	2	0	0	0											

明细分类账页

应交税费 科目 房产税　　　　第 24 页

2019年		凭证号数	摘要	借方										贷方										借或贷	余额									
月	日			千	百	十	万	千	百	十	元	角	分	千	百	十	万	千	百	十	元	角	分		千	百	十	万	千	百	十	元	角	分
12	1		期初余额																					借					9	8	5	6	0	0
	31	转29	计提房产税															9	8	5	6	0	0	平								0		
	31		本月合计															9	8	5	6	0	0											

明细分类账页

<u>应交税费</u> 科目 <u>车船使用税</u>　　　　第 25 页

2019年		凭证号数	摘要	借方										贷方										借或贷	余额									
月	日			千	百	十	万	千	百	十	元	角	分	千	百	十	万	千	百	十	元	角	分		千	百	十	万	千	百	十	元	角	分
12	1		期初余额																					借						2	0	0	0	0
	31	转29	计提车船使用税																2	0	0	0	0	平								0		
	31		本月合计																2	0	0	0	0											

明细分类账页

<u>应付利息</u> 科目 <u>流动资金借款利息</u>　　　　第 26 页

2019年		凭证号数	摘要	借方										贷方										借或贷	余额									
月	日			千	百	十	万	千	百	十	元	角	分	千	百	十	万	千	百	十	元	角	分		千	百	十	万	千	百	十	元	角	分
12	1		期初余额																					贷			1	2	1	5	0	0	0	0
	21	银付33	支付利息			1	2	1	5	0	0	0	0											平								0		
	31		本月合计			1	2	1	5	0	0	0	0																					

明细分类账页

<u>其他应付款</u> 科目 <u>住房公积金</u>　　　　第 27 页

2019年		凭证号数	摘要	借方										贷方										借或贷	余额									
月	日			千	百	十	万	千	百	十	元	角	分	千	百	十	万	千	百	十	元	角	分		千	百	十	万	千	百	十	元	角	分
12	1		期初余额																					贷				5	6	0	9	2	8	0
	10	银付21	交纳住房公积				5	6	0	9	2	8	0																					
	15	转10	代扣职工住房公积														5	6	1	8	8	8	0	贷				5	6	1	8	8	8	0
	31		本月合计				5	6	0	9	2	8	0				5	6	1	8	8	8	0											

明细分类账页

其他应付款 科目 社会保险费　　　　第 28 页

2019年 月	日	凭证号数	摘要	借方	贷方	借或贷	余额
12	1		期初余额			贷	7504380
	10	银付20	交纳社会保险费	7504380			
	15	转10	代扣个人社保费		7516380	贷	7516380
	31		本月合计	7504380	7516380		

明细分类账页

其他应付款 科目 新新公司　　　　第 29 页

2019年 月	日	凭证号数	摘要	借方	贷方	借或贷	余额
12	1		期初余额			平	0
	29	现收03	暂借款		600000	贷	600000
	31		本月合计		600000		

明细分类账页

长期借款 科目　　　　第 30 页

2019年 月	日	凭证号数	摘要	借方	贷方	借或贷	余额
12	1		期初余额			平	0
	31	转23	计提长期借款利息		4000000	贷	4000000
	31		本月合计		4000000		

明细分类账页

实收资本 科目 国家资本　　　　第 31 页

2019年 月	日	凭证号数	摘要	借方	贷方	借或贷	余额
12	1		期初余额			贷	1000000000

明细分类账页

实收资本 科目 北京大华服装厂　　　　第 32 页

2019年		凭证号数	摘要	借方										贷方										借或贷	余额									
月	日			千	百	十	万	千	百	十	元	角	分	千	百	十	万	千	百	十	元	角	分		千	百	十	万	千	百	十	元	角	分
12	1		期初余额																					贷		4	0	0	0	0	0	0	0	0

明细分类账页

盈余公积 科目 法定盈余公积　　　　第 33 页

2019年		凭证号数	摘要	借方										贷方										借或贷	余额									
月	日			千	百	十	万	千	百	十	元	角	分	千	百	十	万	千	百	十	元	角	分		千	百	十	万	千	百	十	元	角	分
12	1		期初余额																					贷			4	7	9	8	6	6	5	8
	31	转48	提取													4	1	8	6	7	2	7	6	贷			8	9	8	5	3	9	3	4
	31		本月合计													4	1	8	6	7	2	7	6											

明细分类账页

盈余公积 科目 任意盈余公积　　　　第 34 页

2019年		凭证号数	摘要	借方										贷方										借或贷	余额									
月	日			千	百	十	万	千	百	十	元	角	分	千	百	十	万	千	百	十	元	角	分		千	百	十	万	千	百	十	元	角	分
12	1		期初余额																					贷			1	3	6	8	5	2	4	0
	31	转48	提取													2	0	9	3	3	6	3	8	贷			3	4	6	1	8	8	7	8
	31		本月合计													2	0	9	3	3	6	3	8											

明细分类账页

本年利润 科目　　　　第 35 页

2019年		凭证号数	摘要	借方										贷方										借或贷	余额									
月	日			千	百	十	万	千	百	十	元	角	分	千	百	十	万	千	百	十	元	角	分		千	百	十	万	千	百	十	元	角	分
12	1		期初余额																					贷		3	4	5	0	0	0	0	0	0
	31	转43	转入本期收入												5	4	6	6	5	4	0	0	0											
	31	转44 1/2	转入本期费用、损失		4	4	8	4	2	3	6	5	7																					
	31	转46	转入本期所得税			2	4	5	5	7	5	8	6																					
	31	转47	结转至利润分配		4	1	8	6	7	2	7	5	7											平								0		
	31		本月合计												5	4	6	6	5	4	0	0	0											

明细分类账页

利润分配 科目 未分配利润　　　　第 36 页

2019年		凭证号数	摘要	借方										贷方										借或贷	余额									
月	日			千	百	十	万	千	百	十	元	角	分	千	百	十	万	千	百	十	元	角	分		千	百	十	万	千	百	十	元	角	分
12	1		期初余额																					贷			1	5	6	0	0	0	0	0
	31	转47	转入本年利润												4	1	8	6	7	2	7	5	7											
	31	转49	转入利润分配			6	2	8	0	0	9	1	4											贷		3	7	1	4	7	1	8	4	3
	31		本月合计			6	2	8	0	0	9	1	4		4	1	8	6	7	2	7	5	7											

明细分类账页

利润分配 科目 提取法定盈余公积　　　　第 37 页

2019年		凭证号数	摘要	借方										贷方										借或贷	余额									
月	日			千	百	十	万	千	百	十	元	角	分	千	百	十	万	千	百	十	元	角	分		千	百	十	万	千	百	十	元	角	分
12	1		期初余额																					平								0		
	31	转48	提取法定公积			4	1	8	6	7	2	7	6																					
	31	转49	年终结转													4	1	8	6	7	2	7	6	平								0		
	31		本月合计			4	1	8	6	7	2	7	6			4	1	8	6	7	2	7	6											

明细分类账页

利润分配 科目 提取任意盈余公积　　　　第 38 页

2019年		凭证号数	摘要	借方										贷方										借或贷	余额									
月	日			千	百	十	万	千	百	十	元	角	分	千	百	十	万	千	百	十	元	角	分		千	百	十	万	千	百	十	元	角	分
12	1		期初余额																					平								0		
	31	转48	提取法定公积			2	0	9	3	3	6	3	8																					
	31	转49	年终结转													2	0	9	3	3	6	3	8	平								0		
	31		本月合计			2	0	9	3	3	6	3	8			2	0	9	3	3	6	3	8											

1

主营业务收入 明细账

科目名称：主营业务收入

2019年 月	日	凭单号	摘要	借方	贷方	借或贷	余额	贷方金额分析：男式夹克	女式风衣	男式西服套装	男式休闲西服				
12	1		承前页			平	0								
	2	转01	销售		54400000					31200000	23200000				
	5	银收04	销售		15360000			6000000		9360000					
	9	转04	销售		55000000			30000000	25000000						
	13	转07	销售		33000000			18000000	15000000						
	18	银收08	销售		46800000					46800000					
	23	转14	销售		136000000					78000000	58000000				
	28	银收10	销售		158004000			22680000	22500000	49140000	63684000				
	31	转36	销售		46800000					46800000					
	31	转43	结转至利润	545364000											
	31		本月合计	545364000	545364000			76680000	62500000	261300000	144884000				

2

主营业务成本 明细账

科目名称：主营业务成本

2019年 月	日	凭单号	摘要	借方	贷方	借或贷	余额	（借）方金额分析：男式夹克	女式风衣	男式西服套装	男式休闲西服				
12	1		承前页			平	0								
	31	转39	结转销售成本	3455876.44				516938.40	614592.40	1560956.40	763389.40				
	31	转44 112	结转至利润		3455876.44	平	0								
	31		本月合计	3455876.44	3455876.44										

明细分类账页

公允价值变动损益 科目　　　　第 1 页

2019年 月	日	凭证号数	摘要	借方	贷方	借或贷	余额
12	1		期初余额			平	0
	31	转22	按期末公允价调整		1260000		
	31	转43	结转至本年利润	1260000		平	0
	31		本月合计	1260000	1260000		

明细分类账页

投资收益 科目　　　　第 2 页

2019年 月	日	凭证号数	摘要	借方	贷方	借或贷	余额
12	1		期初余额			平	0
	26	转15	购买股票交易费	56250			
	31	转44 2/2	结转至本年利润		56250	平	0
	31		本月合计	56250	56250		

明细分类账页

营业外收入 科目　　　　第 3 页

2019年 月	日	凭证号数	摘要	借方	贷方	借或贷	余额
12	1		期初余额			平	0
	28	现收02	收到违章用电罚款		30000		
	31	转43	结转至本年利润	30000		平	0
	31		本月合计	30000	30000		

明细分类账页

税金及附加 科目　　　　　　　　　　　　　　　　　　　　　　第 4 页

2019年		凭证号数	摘要	借方										贷方										借或贷	余额									
月	日			千	百	十	万	千	百	十	元	角	分	千	百	十	万	千	百	十	元	角	分		千	百	十	万	千	百	十	元	角	分
12	1		期初余额																					平								0		
	31	转41	计提城建税等				4	5	0	9	9	0	2																					
	31	转44 1/2	结转至本年利润														4	5	0	9	9	0	2	平								0		
	31		本月合计				4	5	0	9	9	0	2				4	5	0	9	9	0	2											

明细分类账页

销售费用 科目　　　　　　　　　　　　　　　　　　　　　　第 5 页

2019年		凭证号数	摘要	借方										贷方										借或贷	余额									
月	日			千	百	十	万	千	百	十	元	角	分	千	百	十	万	千	百	十	元	角	分		千	百	十	万	千	百	十	元	角	分
12	1		期初余额																					平								0		
	2	银付03	付展销会展台租费			1	2	0	0	0	0	0	0																					
	6	银付09	报销业务招待费				1	5	0	0	0	0	0																					
	10	银付19	领用办公用品						1	2	3	6	0																					
	12	现付06	报销餐费						9	0	0	0	0																					
	20	银付32	领用消防器材					2	8	0	0	0	0																					
	31	转24 2/2	分配工资				3	6	8	0	0	0	0																					
	31	转25 2/2	计提社保费				1	2	0	7	0	4	0																					
	31	转26 2/3	计提工会经费等					4	2	3	2	0	0																					
	31	转27 2/2	计提福利费						7	3	6	0	0																					
	31	转28 1/2	计提折旧					4	4	0	0	0	0																					
	31	转30 1/2	摊销费用						2	8	8	0	0																					
	31	转31 1/2	分配水电费						4	4	9	0	8																					
	31	转33	分配辅助生产成本				4	8	0	0	1	3	6																					
	31	转38	发放服装				5	8	7	2	8	2	4																					
	31	转44 1/2	结转至本年利润													3	0	4	5	2	8	6	8	平								0		
						3	0	4	5	2	8	6	8			3	0	4	5	2	8	6	8											

明细分类账页

管理费用 科目　　　　　　　　　　　　　　　　第 6 页

2019年 月	日	凭证号数	摘要	借方（千百十万千百十元角分）	贷方（千百十万千百十元角分）	借或贷	余额（千百十万千百十元角分）
12	1		期初余额			平	0
	5	现付01	报销车费	31600			
	6	银付13	支付设备运费	300000			
	10	银付19	领用办公用品	60600			
	11	现付05	报销餐费	166400			
	15	转09	销售服装	4900000			
	17	银付26	购买零星办公用品	300000			
	20	银付32	领用消防器材	464000			
	20	转11	报销差旅费	364000			
	22	现付13	报销差旅费	324000			
	24	银付37	汽车维修费	420000			
	31	转24 2/2	分配工资	15120000			
	31	转25 2/2	计提社保费	4959360			
	31	转26 2/3	计提工会经费	1738800			
	31	转27 2/2	计提福利费	302400			
	31	转28 1/2	计提折旧	1325000			
	31	转29	计算土地使用税、房产税车船使用税	2697600			
	31	转30 1/2	摊销费用	584000			
	31	转31 1/2	分配水电费	225768			
	31	转33	分配辅助生产成本	3096552			
			过次页	37380080			

明细分类账页

管理费用 科目　　　　　　　　　　　　　　　　第 7 页

2019年 月	日	凭证号数	摘要	借方（千百十万千百十元角分）	贷方（千百十万千百十元角分）	借或贷	余额（千百十万千百十元角分）
12	1		承前页	37380080		平	0
	31	转44 1/2	结转至本年利润		37380080	平	0
	31		本月合计	37380080	37380080		

明细分类账页

财务费用 科目　　　　第 8 页

2019年 月	日	凭证号数	摘要	借方	贷方	借或贷	余额
12	1		期初余额			平	0
	21	银付33	支付利息	6277500			
	27	现付11	购买空白凭证	7500			
	31	转23	计提长期借款利息	4000000			
	31	转44 1/2	结转至本年利润		10285000	平	0
	31		本月合计	10285000	10285000		

明细分类账页

资产减值损失 科目　　　　第 9 页

2019年 月	日	凭证号数	摘要	借方	贷方	借或贷	余额
12	1		期初余额			平	0
	31	转42	计提坏账准备	151913			
	31	转44 2/2	结转至本年利润		151913	平	0
	31		本月合计	151913	151913		

明细分类账页

营业外支出 科目　　　　第 10 页

2019年 月	日	凭证号数	摘要	借方	贷方	借或贷	余额
12	1		期初余额			平	0
	25	银付39	捐赠支出	20000000			
	31	转44 2/2	结转至本年利润		20000000	平	0
	31		本月合计	20000000	20000000		

明细分类账页

所得税费用 科目　　　　第 11 页

2019年 月	日	凭证号数	摘要	借方	贷方	借或贷	余额
12	1		期初余额			平	0
	31	转45	计提所得税费用	24557586			
	31	转46	结转至本年利润		24557586	平	0
	31		本月合计	24557586	24557586		

北京东方制衣有限公司
凭证资料

凭证 1-1

收 款 凭 证

借方
科目 银行存款　　　　2019 年 12 月 1 日　　　　银收字第 01 号

摘要	贷方科目	明细科目	记账符号	千	百	十	万	千	百	十	元	角	分
收到货款	应收账款	达成商贸	√			1	3	0	5	7	2	0	0
合　计			√		¥	1	3	0	5	7	2	0	0

附单据 1 张

财务主管　　记账 赵菲燕　　出纳　　审核 解亚楠　　制单 李　蕾

凭证 1-2

中国工商银行 信汇凭证(收账通知)

委托日期 2019 年 12 月 1 日

汇款人	全　称	达成商贸公司	收款人	全　称	北京东方制衣有限公司
	账　号	37000213090249037O2		账　号	0200012341234561234
	汇出地点	陕西省 西安 市/县		汇入地点	北京 省 朝阳区 市/县
汇出行名称		工行陕西分行东新街分理处	汇入行名称		工行朝阳支行常营分理处
金额	人民币（大写）	壹拾叁万零伍佰柒拾贰元整		亿千百十万千百十元角分	¥13057200
款项已收入收款人账户			支付密码		
			附加信息及用途:		
汇出行签章			复核		记账:

中国工商银行股份有限公司
朝阳支行常营分理处
2019.12.01
对公结算业务处理戳（1）
（处理结果见我行回单）

此联给收款人的收账通知

凭证 2-1

付款凭证

贷方
科目 银行存款　　　　2019 年 12 月 1 日　　　　银付字第 01 号

摘要	借方科目	明细科目	记账符号	千	百	十	万	千	百	十	元	角	分
预付款	预付账款	明光纺织厂	✓			1	6	5	6	7	2	0	0
合计			✓		¥	1	6	5	6	7	2	0	0

附单据 1 张

财务主管　　记账 赵菲燕　　出纳　　审核 解亚楠　　制单 李蕾

凭证 2-2

中国工商银行 信汇凭证（回 单） 1

委托日期 2019 年 12 月 1 日

汇款人	全称	北京东方制衣有限公司	收款人	全称	明光纺织厂
	账号	02000123412345 61234		账号	2201028600
	汇出地点	北京 省 朝阳 市/县		汇入地点	海南 省 海口 市/县
汇出行名称		工行北京分行朝阳支行常营	汇入行名称		中国工商银行海口市国兴大道分理处
金额	人民币（大写）	壹拾陆万伍仟陆佰柒拾贰元整	亿 千 百 十 万 千 百 十 元 角 分		¥ 1 6 5 6 7 2 0 0
			支付密码		
			附加信息及用途：		
		汇出行签章	复核：	记账：	

此联是汇出行给汇款人的回单

中国工商银行股份有限公司
朝阳支行常营分理处
2019.12.01
对公结算业务处理戳（1）
（处理结果见我行回单）

北京东方制衣有限公司
财务专用章

学王
印文

凭证 3-1

付 款 凭 证

贷方
科目 银行存款　　　　2019 年 12 月 01 日　　　　银付字第 02 号

摘　要	借方科目	明细科目	记账符号	金额 千	百	十	万	千	百	十	元	角	分
提取现金	库存现金		√				3	0	0	0	0	0	0
合　计			√			¥	3	0	0	0	0	0	0

附单据 1 张

财务主管　　记账 赵菲燕　　出纳　　审核 解亚楠　　制单 李　蕾

凭证 3-2

中国工商银行现金支票存根

支票号码　0345651

科　目　银行存款

对方科目　库存现金

签发日期　2019年 12 月 1 日

收款人：北京东方制衣有限公司

金　额：30 000 元

用　途：提取现金

单位主管　　会计

复核　　记账

凭证 4-1

收 款 凭 证

借方

科目 银行存款　　　　2019 年 12 月 1 日　　　　银收字第 02 号

摘　　要	贷方科目	明细科目	记账符号	金额 千	百	十	万	千	百	十	元	角	分
收到预付款	应付账款	东华公司	√			1	7	6	2	8	0	0	0
合　　计			√		¥	1	7	6	2	8	0	0	0

附单据 2 张

财务主管　　记账 赵菲燕　　出纳　　审核 解亚楠　　制单 李　蕾

凭证 4-2

北京增值税专用发票

1100071140　　　　北　京　　　　№ 01973126

此联不作报销、扣税凭证使用　　　　开票日期 2019 年 12 月 1 日

国税函（2019）1006 号北京印钞厂

购买方	名　　称：东华服装公司 纳税人识别号：110101625744126 地 址、电 话：北京市朝阳区华威路 2 号 010-65231243 开户行及账号：工行华威路分理处 0200021227345162567				密码区	9+5 < 95/0+95 > 38026547456911307760930 67 23+3+- < 01 < 3-95*12-8245569760497047956 1 > < 85962- < -289890 < -9479000417956314 - > 503 > > *+50*96852 > 70046796467101367		
货物或应税劳务、服务名称	规格型号	单位	数量	单价	金　额		税率	税额
男式西服套装		套	200	780.00	156,000.00		13%	20,280.00
合　　计					¥156,000.00			¥20,280.00
价税合计（大写）	⊗ 壹拾柒万陆仟贰佰捌拾圆整					（小写）	¥176,280.00	
销售方	名　　称：北京东方制衣有限公司 纳税人识别号：11010562571729X 地 址、电 话：北京市朝阳区常营 3 号 010-84531288 开户行及账号：工行朝阳支行常营分理处 0200012341234561234				备注			

第一联　记账联　销售方记账凭证

收款人：　　复核：　　开票人：刘　楠　　销售方：（章）

凭证 4-3

中国工商银行 进账单（收账通知）

2019 年 12 月 01 日　　2016 第 01 号

付款人	全　称	东华服装公司	收款人	全　称	北京东方制衣有限公司
	账号或地址	0200021227345162567		账号或地址	0200012341234561234
	开户银行	工行朝阳支行营业部		开户银行	工行朝阳支行常营分理处
人民币（大写）：壹拾柒万陆仟贰佰捌拾元整				千百十万千百十元角分	¥17628000
票据种类	转账支票		中国工商银行股份有限公司 朝阳支行常营分理处 2019.12.01 对公结算业务处理戳（1） （处理结果见我行回单） 收款人开户银行盖章		
票据张数	1张				
单位主管	会计	复核	记账		

此联是收款人开户银行给收款人的收账通知

凭证 5-1

转 账 凭 证

2019 年 12 月 2 日　　转字第 01 号

摘　要	总账科目	明细科目	✓	借方金额（千百十万千百十元角分）	✓	贷方金额（千百十万千百十元角分）
销售服装	预收账款	天成商贸公司	✓	61472000		
	主营业务收入				✓	54400000
	应交税费	应交增值税（销项）			✓	7072000
合　计				¥61472000		¥61472000

附单据 2 张

财务主管　　记账：赵菲燕　　审核：解亚楠　　制单：郑 梅

凭证 5-2

北京增值税专用发票

110007114　　　　　　　　　　　　　　　　　　　　　　№ 01973127

此联不作报销、扣税凭证使用　　　　　　　　　　　　　　开票日 2019 年 12 月 2 日

国税函(2019)1006 号北京印钞厂

购买方	名　　称：天成商贸公司 纳税人识别：11010232371523X 地址、电话：北京市东四南大街 23 号　010-61257654 开户行及账号：工行东四支行　0200021227345162567				密码区	9+5 < 95/0+95 > 3802654745691130776093067 23+3+- < 01 < 3-95*12-8245569760497047956 1 > < 85962- < -289890 < -9479000417956314 - > 503 > > *+50*96852 > 70046796467101367		
货物或应税劳务、服务名称	规格型号	单位	数量	单价	金额	税率	税额	
男式西服套装		套	400	780.00	312,000.00	13%	40,560.00	
男式休闲西服		件	400	580.00	232,000.00	13%	30,160.00	
合　　计					¥544,000.00		¥70,720.00	
价税合计（大写）	⊗ 陆拾壹万肆仟柒佰贰拾元整				（小写）¥614,720.00			
销售方	名　　称：北京东方制衣有限公司 纳税人识别号：11010562571729X 地址、电话：北京市朝阳区常营3号 010-84531288 开户行及账号：工行朝阳支行常营分理处 0200012341234561234				备注			

收款人：　　　　　复核：　　　　　开票人：刘　楠　　　销售方：（章）

第一联　记账联　销售方记账凭证

凭证 5-3

产品出库单

购货单位：天成商贸公司　　　　2019 年 12 月 02 日　　　　凭证编号：01

用途	产品名称	产品规格	计量单位	数量	成本		备注
					单位成本	金额	
销售	男式西服套装		套	400			
	男式休闲西服		件	400			

主管：　　　　会计：赵菲燕　　　　保管员：刘英　　　　经手人：

凭证 6-1

收 款 凭 证

借方

科目 银行存款　　　　2019年 12 月 2 日　　　　银收字第 03 号

摘 要	贷方科目	明细科目	记账符号	千	百	十	万	千	百	十	元	角	分
收到货款	预收账款	天成商贸公司	√			2	1	4	7	2	0	0	0
合 计			√		¥	2	1	4	7	2	0	0	0

附单据 1 张

财务主管 解亚楠　记账 赵菲燕　出纳　审核 李 蕾

凭证 6-2

中国工商银行 进账单（收账通知）

2016 年12 月2日　　　　2019 第 02 号

付款人	全 称	天成商贸公司	收款人	全 称	北京东方制衣有限公司
	账号或地址	0200015672568324566		账号或地址	0200012341234561234
	开户银行	工行北京分行东四支行		开户银行	工行朝阳支行常营分理处

人民币（大写）：贰拾壹万肆仟柒佰贰拾元整	千	百	十	万	千	百	十	元	角	分
		¥	2	1	4	7	2	0	0	0

票据种类	转账支票	中国工商银行股份有限公司 朝阳支行常营分理处 2019.12.02 对公结算业务处理戳（1） （处理结果见我行回单）
票据张数	1张	
单位主管　会计　复核　记账		收款人开户银行盖章

此联是收款人开户银行给收款人收账通知

凭证 7-1

付 款 凭 证

贷方

科目 银行存款　　　　2019 年 12 月 2 日　　　　银付字第 03 号

摘要	借方科目	明细科目	记账符号	千	百	十	万	千	百	十	元	角	分
付展销会展台租费	销售费用		√			1	2	0	0	0	0	0	0
	应交税费	增值税(进项)	√					7	2	0	0	0	0
合　计			√		¥	1	2	7	2	0	0	0	0

附单据 2 张

财务主管　　记账 赵菲燕　　出纳　　审核 解亚楠　　制单 李 蕾

凭证 7-2

北京增值税专用发票

1100164170　　　　发票联　　　　№ 04365916

全国统一发票监制章 北京 国家税务总局

校验码 122304423429682356212　　　　开票日期 2019 年 12 月 2 日

购买方	名　　称：北京东方制衣有限公司 纳税人识别号：11010562571729X 地 址、电 话：北京市朝阳区常营 3 号 010-84531288 开户行及账号：工行朝阳支行常营分理处 0200012341234561234	密码区	9+5 < 95/0+95 > 38026532180265328026532 23+3+- < 01 < 3-95*12-82465760197002647 1 > < 85962- < -289890 < -01579033970003 - > 503 > > *+50*96285 > 010347976236478

货物或应税劳务、服务名称	规格型号	单位	数量	单价	金额	税率	税额
展台租费					120 000.00	6%	7 200.00
合　　计					¥120 000.00		¥7 200.00
价税合计（大写）	⊗壹拾贰万柒仟贰佰元整				（小写）¥127 200.00		

销售方	名　　称：北京丽峰文化有限公司 纳税人识别号：110103037706328 地 址、电 话：北京市海淀区蓝靛厂路 57 号 010-64573211 开户行及账号：工行蓝靛厂分理处 1714421001100778899	备注	北京丽峰文化有限公司 税号：110103037706328 发票专用章

收款人：　　复核：　　开票人：刘佳　　销售方：（章）

国税函(2019)1006 号北京印钞厂

第三联 发票联 购买方记账凭证

凭证 7-3

中国工商银行转账支票存根

支票号码　　0285201

科　　目　银行存款

对方科目　销售费用

签发日期 2019 年 12 月 2 日

收款人：北京丽峰文化有限公司	
金　额：127 200 元	
用　途：支付租赁费	

单位主管　　会计

复核　　记账

凭证 8-1

付 款 凭 证

贷方科目 银行存款　　2019 年 12 月 3 日　　银付字第 04 号

摘　要	借方科目	明细科目	记账符号	千	百	十	万	千	百	十	元	角	分
归还货款	应付账款	北京大新毛纺有限公司	√				6	8	4	8	0	0	0
合　计			√			¥	6	8	4	8	0	0	0

附单据 1 张

财务主管　　记账 赵菲燕　　出纳　　审核 解亚楠　　制单 李　蕾

凭证 8-2

中国工商银行转账支票存根

支票号码　　0285202

科　　目 银行存款

对方科目 应付账款

签发日期 2019年12月3日

收款人：北京大新毛纺有限公司
金　额：68 480 元
用　途：支付货款

单位主管　　　　会计

复核　　　　　　记账

凭证 9-1

付　款　凭　证

贷方

科目　银行存款　　　　2019 年 12 月 3 日　　　　银付 字第 05 号

摘　要	借方科目	明细科目	记账符号	金额 千	百	十	万	千	百	十	元	角	分
缴纳增值税	应交税费	未交增值税	√			3	9	1	3	5	6	0	0
合　计			√		￥	3	9	1	3	5	6	0	0

附单据 1 张

财务主管　　记账 赵菲燕　　出纳　　审核 解亚楠　　制单 李蕾

原始凭证略

凭证10-1

领料单

凭证编号：01
领料单位：一车间　　　　　　　　　　　　　　　　　　　　材料类别：
用　　途：生产夹克　　　　2019 年 12 月 03 日　　　　　材料仓库：

材料编号	材料名称	材料规格	计量单位	数量		成本		备注
				请领	实领	单位成本	金额	
	毛涤面料		米		4 400			
	美丽绸		米		4 000			
	中号纽扣		枚		4 000			
	铜制拉链		条		2 000			
	衬布		米		400			

领料单位负责人：　　　　领料人：王强　　发料人：赵伟　　记账：郑梅

凭证10-2

领料单

凭证编号：02
领料单位：一车间　　　　　　　　　　　　　　　　　　　　材料类别：
用　　途：生产女式风衣　　　　2019 年 12 月 03 日　　　材料仓库：

材料编号	材料名称	材料规格	计量单位	数量		成本		备注
				请领	实领	单位成本	金额	
	防雨布料		米		4 000			
	大号纽扣		枚		6 200			
	中号纽扣		枚		6 000			
	小号纽扣		枚		10 000			
	腰带扣		个		4 000			

领料单位负责人：　　　　领料人：王强　　发料人：赵伟　　记账：郑梅

凭证10-3

领料单

凭证编号：03
领料单位：二车间　　　　　　　　　　　　　　　　　　　　材料类别：
用　　途：生产男式西服套装　　2019 年 12 月 03 日　　　材料仓库：

材料编号	材料名称	材料规格	计量单位	数量		成本		备注
				请领	实领	单位成本	金额	
	纯毛面料		米		7 000			
	美丽绸		米		6 000			
	大号纽扣		枚		6 000			
	小号纽扣		枚		24 400			
	衬布		米		2 000			
	垫肩		个		4 000			

领料单位负责人：　　　　领料人：李明　　发料人：赵伟　　记账：郑梅

凭证 10-4

领料单

凭证编号： 04

领料单位：二车间　　　　材料类别：

用　　途：生产男式休闲西服　　2019 年 12 月 03 日　　材料仓库：

材料编号	材料名称	材料规格	计量单位	数量		成本		备注
				请领	实领	单位成本	金额	
	纯毛面料		米		4 200			
	美丽绸		米		3 600			
	大号纽扣		枚		6 000			
	小号纽扣		枚		12 200			
	衬布		米		1 000			
	垫肩		个		4 000			

领料单位负责人：　　领料人：王小悦　　发料人：赵伟　　记账：郑梅

凭证 11-1

领料单

凭证编号： 05

领料单位：一车间　　　　材料类别：

用　　途：生产　　2019 年 12 月 03 日　　材料仓库：

材料编号	材料名称	材料规格	计量单位	数量		成本		备注
				请领	实领	单位成本	金额	
	塑料袋		个		4 000			

领料单位负责人：　　领料人：王强　　发料人：赵伟　　记账：郑梅

凭证 11-2

领料单

凭证编号： 06

领料单位：二车间　　　　材料类别：

用　　途：生产　　2019 年 12 月 03 日　　材料仓库：

材料编号	材料名称	材料规格	计量单位	数量		成本		备注
				请领	实领	单位成本	金额	
	无纺布西服套		个		4 000			
	衣架		个		4 000			

领料单位负责人：　　领料人：王小悦　　发料人：赵伟　　记账：郑梅

凭证 12-1

付 款 凭 证

贷方

科目 银行存款　　　　2019 年 12 月 4 日　　　　银付字第 06 号

摘要	借方科目	明细科目	记账符号	金额									
				千	百	十	万	千	百	十	元	角	分
缴纳上月城建税等	应交税费	应交城建税	√				2	7	3	9	4	9	2
		应交教育费附加	√				1	1	7	4	0	6	8
合　计			√			￥	3	9	1	3	5	6	0

附单据 2 张

财务主管　　记账 赵菲燕　　出纳　　审核 解亚楠　　制单 李　蕾

原始凭证略

凭证 13-1

付 款 凭 证

贷方

科目 银行存款　　　　2019 年 12 月 4 日　　　　银付字第 07 号

摘要	借方科目	明细科目	记账符号	金额									
				千	百	十	万	千	百	十	元	角	分
缴纳所得税	应交税费	应交所得税	√			2	6	5	2	0	0	0	0
合　计			√		￥	2	6	5	2	0	0	0	0

附单据 1 张

财务主管　　记账 赵菲燕　　出纳　　审核 解亚楠　　制单 李　蕾

原始凭证略

凭证 14-1

转 账 凭 证

2019 年 12 月 4 日　　　　转字第 02 号

摘要	总账科目	明细科目	√	借方金额（千百十万千百十元角分）	√	贷方金额（千百十万千百十元角分）
购进纽扣	原材料	辅料（大扣）	√	11480000		
		辅料（中扣）	√	2460000		
		辅料（小扣）	√	1660000		
	应交税费	增值税（进项）	√	2028000		
	应付账款	利顺纽扣公司			√	17628000
合 计				¥17628000		¥17628000

附单据 2 张

财务主管　　记账 赵菲燕　　审核 解亚楠　　制单 郑梅

凭证 14-2

北京增值税专用发票

1100073120　　发票联　　62258321

校验码 28880408082968249470　　开票日期 2019 年 12 月 4 日

购买方	
名　　称：	北京东方制衣有限公司
纳税人识别号：	11010562571729X
地 址、电 话：	北京市朝阳区常营 3 号 010-84531288
开户行及账号：	工行朝阳支行常营分理处 0200012341234561234

密码区：

9+5 < 95/0+95 > 38026532156911307760930 6
23+3+- < 01 < 3-95*12-824697604970479508
1 > < 85962- < -289890 < -947900041795631
- > 503 > > *+50*96285 > 0467964671013678

货物或应税劳务、服务名称	规格型号	单位	数量	单价	金额	税率	税额
纽扣	大扣	枚	40 000	2.87	114,800.00	13%	14,924.00
纽扣	中扣	枚	20 000	1.23	24,600.00	13%	3,198.00
纽扣	小扣	枚	20 000	0.83	16,600.00	13%	2,158.00
合　计					¥156,000.00		¥20,280.00
价税合计（大写）	⊗ 壹拾柒万陆仟贰佰捌拾圆整				（小写）¥176,280.00		

销售方	
名　　称：	北京利顺纽扣有限公司
纳税人识别号：	110105625722141
地 址、电 话：	北京市通州区八里桥 34 号 010-69531329
开户行及账号：	工行通州支行八里桥分理处 0200012346547306791

备注：北京利顺纽扣有限公司 税号：110105625722141 发票专用章

收款人：　　复核：　　开票人：王小明　　销售方：（章）

国税函（2019）1006 号北京印钞

第三联 发票联 购买方记账凭证

凭证 14-3

收料单

供货单位名称　利顺纽扣有限公司　　　　凭证编号：01

订货合同编号：　　　　　　　　　　　　材料类别：

发票编号：01873321　　　2019年 12 月 4 日　　　收料仓库：

材料编号	材料名称	材料规格	计量单位	数量		实际成本					备注
				应收	实收	买价	运杂费	其他	合计	单位成本	
	纽扣	大扣	枚	40 000	40 000	114 800			114 800		
	纽扣	中扣	枚	20 000	20 000	24 600			24 600		
	纽扣	小扣	枚	20 000	20 000	16 600			16 600		

收料人：赵伟　　　　经手人：李小华

凭证 15-1

付　款　凭　证

贷方
科目　库存现金　　　2019 年 12 月 5 日　　　现付字第 01 号

摘　　要	借方科目	明细科目	记账符号	千	百	十	万	千	百	十	元	角	分
王辉报销车费	管理费用		√						3	1	6	0	0
合　　计			√					¥	3	1	6	0	0

附单据 1 张

财务主管　　记账 赵菲燕　　出纳　　审核 解亚楠　　制单 李蕾

凭证 15-2

费用报销审批单

部门：宣传部　　　　2019 年 12 月 5 日

经手人	陈颖	事由	报销车费	
项　　目		金额	支付方式	备注
车费		316.00		
合计		316.00		
公司领导审批意见	财务主管	部门领导	出纳	经手人
王文学	解亚楠	李丽丽	李蕾	王辉

附单据（略）张

凭证 16-1

收 款 凭 证

借方

科目 银行存款　　　　2019 年 12 月 5 日　　　　银收字第 04 号

摘要	贷方科目	明细科目	记账符号	千	百	十	万	千	百	十	元	角	分
销售收款	主营业务收入		√			1	5	3	6	0	0	0	0
	应交税费	增值税(销项)	√				1	9	9	6	8	0	0
合　计			√		¥	1	7	3	5	6	8	0	0

附单据 3 张

财务主管 解亚楠　记账 赵菲燕　出纳　审核　制单 李蕾

凭证 16-2

中国工商银行 进账单（回 单） 1

2019 年 12 月 05 日　　　　第 03 号

付款人	全称	东华服装公司	收款人	全称	北京东方制衣有限公司
	账号或地址	0200021227345162567		账号或地址	0200012341234561234
	开户银行	工行朝阳支行营业部		开户银行	工行朝阳支行常营分理处
人民币（大写）：壹拾柒万叁仟伍佰陆拾捌元整				千百十万千百十元角分	¥17356800
票据种类	转账支票				
票据张数	1张				
单位主管	会计	复核	记账	收款人开户银行盖章	

中国工商银行股份有限公司
朝阳支行常营分理处
2019.12.05
对公结算业务处理戳（1）
（处理结果见我行回单）

此联是收款人开户银行给收款人的回单

凭证 16-3

北京增值税专用发票

1100071140　　　　№ 01973128

此联不作报销、扣税凭证使用　　　　开票日期 2019 年 12 月 5 日

国税函（2019）1006 号北京印钞厂

购买方	名　　称：东华服装公司 纳税人识别号：110101625744126 地 址、电 话：北京市朝阳区华威路 2 号 010-65231243 开户行及账号：工行华威路分理处 0200021227345162567	密码区	9+5 < 95/0+95 > 3802654745691130776093067 23+3+- < 01 < 3-95*12-8245569760497047956 1 > < 85962- < -289890 < -9479000417956314 - > 503 > > *+50*96852 > 70046796467101367

货物或应税劳务、服务名称	规格型号	单位	数量	单价	金　额	税率	税额
男式西服套装		套	120	780.00	93,600.00	13%	12,168.00
男式夹克		件	200	300.00	60,000.00	13%	7,800.00
合　　计					¥153,600.00		¥19,968.00
价税合计（大写）	⊗ 壹拾柒万叁仟伍佰陆拾捌元整				（小写） ¥173,568.00		

销售方	名　　称：北京东方制衣有限公司 纳税人识别号：11010562571729X 地 址、电 话：北京市朝阳区常营 3 号 010-84531288 开户行及账号：工行朝阳支行常营分理处 0200012341234561234	备注	

收款人：　　复核：　　开票人：刘　楠　　销售方：（章）

第一联　记账联　销售方记账凭证

凭证 16-4

产　品　出　库　单

购货单位：东华服装公司　　2019 年 12 月 05 日　　凭证编号：02

用途	产品名称	产品规格	计量单位	数量	成本		备注
					单位成本	金额	
销售	男式西服套装		套	120			
	男式夹克		件	200			

主管：　　会计：赵菲燕　　保管员：刘 英　　经手人：

凭证 17-1

付 款 凭 证

贷方

科目 银行存款　　　　2019年 12月 6日　　　　银付字第 08 号

摘要	借方科目	明细科目	记账符号	千	百	十	万	千	百	十	元	角	分	
购进衬布	在途物资		√				4	0	0	0	0	0	0	附
	应交税费	增值税（进项）	√					4	9	4	0	0	0	单
	应交税费	增值税（进项）							1	8	0	0	0	据
														3
														张
合计			√			¥	4	5	1	2	0	0	0	

财务主管 解亚楠　记账 赵菲燕　出纳　审核　制单 李蕾

凭证 17-2

委托收款 结算凭证（付款通知）

委托号码：第 3202 号

委托日期 2019 年 12 月 3日　　付款期限 2019 年 12 月 9日

收款单位	全称	南阳北方纺织厂	付款单位	全称	北京东方制衣有限公司
	账号	17144210011004561 23		账号或住址	02000123412345612 34
	开户银行	工行南阳百乐分理处　行号		汇出银行	中国工商银行北京分行朝阳支行常营分理处
委收金额	人民币：（大写）	肆万伍仟壹佰贰拾元整		千百十万千百十元角分	¥ 4 5 1 2 0 0 0
款项内容	货款	委托收款凭据名称	发票、运输货票	附寄单证张数	2

备注：电划

付款人注意：
1. 根据结算办法，上列委托收款，如在付款期限内未拒付时，即视同同意付款，以此联代付款通知。
2. 如需提前付款或多付款时，应另写书面通知送银行办理。
3. 如系全部或部分拒付，应在付款期限内另填拒绝付款理由书送银行办理。

单位主管　会计　复核　记账

此联是付款单位开户银行给付款单位的付款通知

凭证 17－3

国税函(2019)1006号北京印钞厂

河南增值税专用发票

4100164170　　发票联　　№ 04673894

校验码 122304423429682356212　　开票日期 2019年12月3日

购买方	名　　称：北京东方制衣有限公司 纳税人识别号：11010562571729X 地 址、电 话：北京市朝阳区常营3号 010-84531288 开户行及账号：工行朝阳支行常营分理处 0200012341234561234	密码区	9+5<95/0+95>3802654745691130776093067 23+3+-<01<3-95*12-8245569760497047956 1><85962-<-289890<-9479000417956314 ->503>>*+50*96852>70046796467101367

货物或应税劳务、服务名称	规格型号	单位	数量	单价	金额	税率	税额
衬布					38,000.00	13%	4,940.00
合　　计					¥38,000.00		¥4,940.00
价税合计（大写）	⊗ 肆万贰仟玖佰肆拾元整				（小写）¥42,940.00		

销售方	名　　称：南阳北方纺织厂 纳税人识别号：411305125744222 地 址、电 话：河南南阳车站路57号 0377-70291568 开户行及账号：工行南阳新安分理处 1714421001100123456	备注	南阳北方纺织厂 税号：411305125744222 发票专用章

收款人：　　复核：　　开票人：王超　　销售方：（章）

第三联 发票联 购买方记账凭证

凭证 17－4

国税函(2019)1006号北京印钞厂

河南增值税专用发票

4100087754　　发票联　　№ 04312354

校验码 122304423429682356212　　开票日期 2019年12月3日

购买方	名　　称：北京东方制衣有限公司 纳税人识别号：11010562571729X 地 址、电 话：北京市朝阳区常营3号 010-84531288 开户行及账号：工行朝阳支行常营分理处 0200012341234561234	密码区	9+5<95/0+95>380265321911307760930678 23+3+-<01<3-95*12-824556976049704795 1><85962-<-289890<-947900041795631 ->503>>*+50*96285>7004679646710136

货物或应税劳务、服务名称	规格型号	单位	数量	单价	金额	税率	税额
运费					2,000.00	9%	180.00
合　　计					¥2,000.00		¥180.00
价税合计（大写）	⊗ 贰仟壹佰捌拾元整				（小写）¥2,180.00		

销售方	名　　称：南阳公路公司 纳税人识别号：411307536766555 地 址、电 话：河南南阳车站路57号 0377-64573211 开户行及账号：工行南阳新安分理处 1714421001100 123456	备注	南阳公路公司 税号：411305125768352 发票专用章

收款人：　　复核：　　开票人：刘佳　　销售方：（章）

第三联 发票联 购买方记账凭证

凭证 18-1

付 款 凭 证

贷方

科目 银行存款　　　　2019年 12 月 06 日　　　　银付字第 09 号

摘 要	借方科目	明细科目	记账符号	金额 千	百	十	万	千	百	十	元	角	分
报销业务招待费	销售费用	业务招待费	√				1	5	0	0	0	0	0
合 计			√			¥	1	5	0	0	0	0	0

附单据 1 张

财务主管 解亚楠　记账 赵菲燕　出纳　审核　制单 李 蕾

凭证 18-2

北京增值税专用发票

1100164170　　发票联　　№ 08716254

校验码 12230442342968235621 2　　开票日期 2019 年 12 月 6 日

购买方	名 称：北京东方制衣有限公司 纳税人识别号：11010562571729X 地 址、电 话：北京市朝阳区常营 3 号 010-84531288 开户行及账号：工行朝阳支行常营分理处 0200012341234561234				密码区	9+5 < 95/0+95 > 380265321474569113077609 23+3+- < 01 < 3-95*12-824556976049704795 1 > < 85962- < -289890 < -947900041795631 - > 503 > > *+50*96285 > 7004679646710136	
货物或应税劳务、服务名称	规格型号	单位	数量	单价	金额	税率	税额
餐费					14, 150. 00	6%	850. 00
合 计					¥14, 150. 00		¥850. 00
价税合计（大写）	⊗ 壹万伍仟元整				（小写）¥15, 000. 00		
销售方	名 称：北京富华大酒店 纳税人识别号：110105625616387 地 址、电 话：北京市朝阳区望京西路 010-84171111 开户行及账号：工行朝阳支行望京分理处 0200012346547306 79				备注	北京富华大酒店 税号：110105625616387 发票专用章	

收款人：　　复核：　　开票人：石欣　　销售方：（章）

第三联 发票联 购买方记账凭证

国税函〔2019〕1006 号北京印钞厂

凭证 19-1

付 款 凭 证

贷方

科目 银行存款　　　　2019年 12 月 6 日　　　　银付字第 10 号

摘要	借方科目	明细科目	记账符号	千	百	十	万	千	百	十	元	角	分
购进塑料袋	周转材料	包装物	√				4	0	0	0	0	0	0
	应交税费	增值税(进项)	√					5	2	0	0	0	0
合计			√			¥	4	5	2	0	0	0	0

附单据 3 张

财务主管 解亚楠　记账 赵菲燕　出纳　审核　制单 李蕾

凭证 19-2

北京增值税专用发票

1100073120　　　　№ 02255321

发票联

校验码 28880408082968249470　　　　开票日期 2019 年 12 月 6 日

购买方	名称：北京东方制衣有限公司 纳税人识别号：11010562571729X 地址、电话：北京市朝阳区常营 3 号 010-84531288 开户行及账号：工行朝阳支行常营分理处 0200012341234561234	密码区	9+5 < 95/0+95 > 38026532174569113077609323+3+- < 01 < 3-95*12-8245569760497047951 > < 85962- < -289890 < -947900041795631- > 503 > > *+50*96285 > 700467964671013660

货物或应税劳务、服务名称	规格型号	单位	数量	单价	金额	税率	税额
塑料袋		个	40 000	1.00	40,000.00	13%	5,200.00
合计					¥40,000.00		¥5,200.00
价税合计（大写）	⊗肆万伍仟贰佰元整				（小写）¥45,200.00		

销售方	名称：北京宏远塑料有限公司 纳税人识别号：110105212333211 地址、电话：北京市丰台区方庄路42号 010-57531527 开户行及账号：工行丰台支行方庄分理处 02000256744241245674	备注	北京宏远塑料有限公司 税号：110105212333211 发票专用章

收款人：　　复核：　　开票人：张乐天　　销售方：（章）

国税函（2019）1006 号北京印钞厂

第三联 发票联 购买方记账凭证

凭证 19-3

收料单

供货单位名称 北京宏远塑料有限公司　　　　凭证编号：02

订货合同编号：　　　　材料类别：

发票编号：02255321　　2019 年 12 月 6 日　　收料仓库：

材料编号	材料名称	材料规格	计量单位	数量		实际成本					备注
				应收	实收	买价	运杂费	其他	合计	单位成本	
	塑料袋		个	40 000	40 000	40 000			40 000		

收料人：赵伟　　　　经手人：李小华

凭证 19-4

中国工商银行转账支票存根

支票号码　0285203

科　　目　银行存款

对方科目　周转材料

签发日期　2019年12月4日

收款人：北京宏远塑料有限公司
金　额：　45 200 元
用　途：　支付包装物款

单位主管　　会计

复核　　记账

凭证 20-1

付 款 凭 证

贷方
科目 银行存款　　　　2019 年 12 月 06 日　　　　银付字第 11 号

摘 要	借方科目	明细科目	记账符号	千	百	十	万	千	百	十	元	角	分
提取现金	库存现金		√			1	0	0	0	0	0	0	0
合 计			√		¥	1	0	0	0	0	0	0	0

附单据 1 张

财务主管 解亚楠　记账 赵菲燕　出纳　审核　制单 李 蕾

凭证 20-2

中国工商银行现金支票存根

支票号码 0345652

科　目 银行存款

对方科目 库存现金

签发日期 2019 年 12 月 6 日

收款人:	北京东方制衣有限公司
金　额:	100 000 元
用　途:	提取现金

单位主管　　会计

复核　　记账

凭证 21-1

付 款 凭 证

贷方

科目 银行存款　　　　2019 年 12 月 6 日　　　　银付字第 12 号

摘要	借方科目	明细科目	记账符号	千	百	十	万	千	百	十	元	角	分
支出锅炉改造款	在建工程	锅炉改造	√				3	6	0	0	0	0	0
合计			√			¥	3	6	0	0	0	0	0

附单据 1 张

财务主管 解亚楠　记账 赵菲燕　出纳　审核　制单 李蕾

凭证 21-2

中国工商银行 电汇凭证（回单） 1

☐普通 ☐加急　　委托日期 2019 年 12 月 6 日

汇款人	全称	北京东方制衣有限公司	收款人	全称	通远锅炉厂
	账号	0200012341234561234		账号	200012567822534000
	汇出地点	省 北京 市/县		汇入地点	省 北京 市/县
汇出行名称		工行朝阳支行常营分理处	汇入行名称		工行通州支行马庄分理处
金额	人民币（大写）	叁万陆仟元整		亿千百十万千百十元角分	¥3600000

中国工商银行股份有限公司
朝阳支行常营分理处
2019.12.06
对公结算业务处理章（1）
（处理结果见我行回单）

支付密码

附加信息及用途：锅炉改造费

汇出行签章　　复核：　　记账：

此联是汇出行给汇款人的回单

凭证 22-1

转 账 凭 证

2019 年 12 月 6 日　　　　转字第 03 号

摘要	总账科目	明细科目	√	借方金额										√	贷方金额									
				千	百	十	万	千	百	十	元	角	分		千	百	十	万	千	百	十	元	角	分
锅炉改造完工	固定资产	机械设备	√			1	7	6	0	0	0	0	0											
	在建工程	锅炉改造												√			1	7	6	0	0	0	0	0
合计					¥	1	7	6	0	0	0	0	0			¥	1	7	6	0	0	0	0	0

附单据 2 张

财务主管 解亚楠　　记账 赵菲燕　　审核　　制单 郑梅

凭证 22-2

锅炉改造工程决算书

竣工日期：2019 年 12 月 6 日　　　　№ 003

工程项目	锅炉改造	施工方式	出包工程	施工单位	通远锅炉厂
预算价	175 000.00		决算价	176 000.00	
累计已付工程款	140 000.00				
决算应付工程款	36 000.00				

总工程师：王凤励　　　　总会计师：张燕刚

北京东方制衣有限公司 财务专用章

凭证 22-3

工程项目竣工验收单

批准文号：8410　　　　　　　　　　　　填报日期：2019年12月6日

项目			金额			日期		
名称	锅炉		批准	175 000		批准	2019年10月15日	
性质	改造		实际	176 000		完成	2019年12月6日	

定额 情况\名称	修理费用工时	停歇时间	清洗用油	费用	材料消耗费：钢	铜	木材	水泥	五金	备品	其他
计划	7 000		2 000	13 000	9 000	1 500	11 000	34 000	8 600	1 300	5 000
实际	7 000		1 900	13 200	9 000	1 650	12 000	34 500	[illegible]	[illegible]	5 450

验收意见	质量达到设计要求，验收合格，同意交付使用。			
验收人员	使用部门	秦海宾	安全员	周国庆
	公司	王风励、张燕刚	财务部	解亚楠

（印章：北京东方制衣有限公司 业务专用章）

主管：　　　　　　　　　　经办人：刘俊杰

凭证 23-1

付款凭证

贷方
科目 银行存款　　　　2019年12月06日　　　　银付字第 13 号

摘要	借方科目	明细科目	记账符号	千	百	十	万	千	百	十	元	角	分
支付设备运费	管理费用		√					3	0	0	0	0	0
	应交税费	增值税(进项)							2	7	0	0	0
合计			√				¥	3	2	7	0	0	0

附单据 2 张

财务主管 解亚楠　记账 赵菲燕　出纳　　审核　　制单 李蕾

凭证 23-2

北京增值税专用发票

发票联

1100164170　　　　№ 09612874

校验码 12230442342789655621 2　　　　开票日期 2019 年 12 月 6 日

购买方	名　称：北京东方制衣有限公司 纳税人识别号：11010562571729X 地 址、电 话：北京市朝阳区常营 3 号 010-84531288 开户行及账号：工行朝阳支行常营分理处 0200012341234561234			密码区	9+5 < 95/0+95 > 3802653215698323979013 5 23+3+- < 01 < 3-95*12-82456979801435964 1 > < 85962- < -289890 < -947900041795631 - > 503 > > *+50*96285 > 7004679646710136		
货物或应税劳务、服务名称	规格型号	单位	数量	单价	金额	税率	税额
运费					3,000.00	9%	270.00
合　计					¥3,000.00		¥270.00
价税合计（大写）	⊗ 叁仟贰佰柒拾元整				（小写）¥3,270.00		
销售方	名　称：北京运通物流有限公司 纳税人识别号：110105332667899 地 址、电 话：北京市丰台区樊羊路 33 号 010-83952075 开户行及账号：工行丰台支行首经贸分理处 0200025674424342655			备注	北京运通物流有限公司 税号：110105332667899 发票专用章		

收款人：　　复核：　　开票人：贾明　　销售方：（章）

国税函(2019)1006 号北京印钞厂

第三联　发票联　购买方记账凭证

凭证 23-3

中国工商银行转账支票存根

支票号码　0285204

科　目 银行存款

对方科目 管理费用

签发日期 2019 年 12 月 6 日

收款人：	北京运通物流有限公司
金　额：	3 270 元
用　途：	支付运费

单位主管　　会计

复核　　记账

凭证24-1

付款凭证

贷方科目 银行存款　　　　2019年12月07日　　　　银付字第14号

摘要	借方科目	明细科目	记账符号	千	百	十	万	千	百	十	元	角	分
提取现金	库存现金		√			1	0	0	0	0	0	0	0
合计			√		¥	1	0	0	0	0	0	0	0

附单据1张

财务主管 解亚楠　记账 赵菲燕　出纳　审核　制单 李蕾

凭证24-2

中国工商银行现金支票存根

支票号码　0345653

科　目 银行存款

对方科目 库存现金

签发日期 2019年12月7日

收款人：北京东方制衣有限公司

金　额：100 000元

用　途：提取现金

单位主管　会计

复核　记账

凭证 25-1

付　款　凭　证

贷方
科目 库存现金　　　　2019 年 12 月 7 日　　　　现付字第 02 号

摘要	借方科目	明细科目	记账符号	千	百	十	万	千	百	十	元	角	分
暂借款	其他应收款	新新公司	√			2	0	0	0	0	0	0	0
合　计			√		¥	2	0	0	0	0	0	0	0

附单据　张

财务主管 解亚楠　记账 赵菲燕　出纳　　审核　　制单 李蕾

凭证 26-1

付　款　凭　证

贷方
科目 库存现金　　　　2019 年 12 月 7 日　　　　现付字第 03 号

摘要	借方科目	明细科目	记账符号	千	百	十	万	千	百	十	元	角	分
预借差旅费	其他应收款	赵威	√					4	0	0	0	0	0
		钱红	√					3	0	0	0	0	0
合　计			√				¥	7	0	0	0	0	0

附单据 2 张

财务主管 解亚楠　记账 赵菲燕　出纳　　审核　　制单 李蕾

凭证 26-2

借 款 单

2019 年 12 月 7 日　　　　　　第 1 号

借款单位：销售部门
借款理由：出差
借款数额：人民币（大写）叁仟元整　　　　¥：3 000.00
本单位负责人意见：李阳　　借款人：钱红
领导批示：王文学　　财务负责人：解亚楠　　经办人：李蕾

凭证 26-3

借 款 单

2019 年 12 月 7 日　　　　　　第 2 号

借款单位：管理部门
借款理由：出差
借款数额：人民币（大写）肆仟元整　　　　¥：4 000.00
本单位负责人意见：李阳　　借款人：赵威
领导批示：王文学　　财务负责人：解亚楠　　经办人：李蕾

凭证 27-1

付 款 凭 证

贷方科目　银行存款　　　　2019 年 12 月 7 日　　　　银付字第 15 号

摘要	借方科目	明细科目	记账符号	千	百	十	万	千	百	十	元	角	分
支付水费	应付账款	水电费	√					4	5	0	2	3	6
	应交税费	增值税（进项）	√						4	0	5	2	1
合计			√				¥	4	9	0	7	5	7

附单据 2 张

财务主管 解亚楠　记账 赵菲燕　出纳　审核　制单 李蕾

凭证 27-2

委邮

委托收款 结算凭证（付款通知） ⑤

委托号码： 第 2102 号

委托日期 2019 年 12 月 7 日 付款期限 2019 年 12 月 7 日

收款单位	全称	北京市自来水公司		付款单位	全称	北京东方制衣有限公司
	账号	020002567442472351 2			账号或住址	0200012341234561234
	开户银行	工行西城宣武分理处	行号		汇出银行	中国工商银行北京分行朝阳支行常营分理处
委收金额	人民币（大写）	肆仟玖佰零柒元伍角柒分			千百十万千百十元角分	¥490757
款项内容	水费	委托收款凭据名称	发票		附寄单证张数	
备注：	邮划	付款人注意： 1. 根据结算办法，上列委托收款，如在付款期限内未拒付时，即视同同意付款，以此联代付款通知。 2. 如需提前付款或多付款时，应另写书面通知送银行办理。 3. 如系全部或部分拒付，应在付款期限内另填拒绝付款理由书送银行办理。				

中国工商银行股份有限公司 朝阳支行常营分理处 2019.12.07 对公结算业务处理戳（1）（处理结果以我行回单）

单位主管 会计 复核 记账

此联是付款单位开户银行给付款单位的付款通知

凭证 27-3

北京增值税专用发票

1100164170 发票联 № 07318756

校验码 12230442985668235621 2 开票日期 2019 年 12 月 7 日

购买方	名称：北京东方制衣有限公司 纳税人识别号：11010562571729X 地址、电话：北京市朝阳区常营 3 号 010-84531288 开户行及账号：工行朝阳支行常营分理处 0200012341234561234				密码区	9+5 < 95/0+95 > 3802653215691130776093 05 23+3+- < 01 < 3-95*12-824556976049704789 1 > < 85962- < -289890 < -947900041795603 - > 503 > >*+50*96285 > 7004679646710136		
货物或应税劳务、服务名称	规格型号	单位	数量	单价	金额	税率	税额	
自来水		立方米	1 164	3.868	4,502.36	9%	405.21	
合计					¥4,502.36		¥405.21	
价税合计（大写）	⊗ 肆仟玖佰零柒元伍角柒分				（小写）¥4,907.57			
销售方	名称：北京市自来水公司 纳税人识别号：110102213462112 地址、电话：北京市西城区宣武路 21 号 010-66410088 开户行及账号：工行西城区宣武门分理处 020002567442472351 2				备注	北京市自来水公司 税号：110102213462112 发票专用章		

收款人： 复核： 开票人：张佳佳 销售方：（章）

国税函（2019）1006 号北京印钞厂

第三联 发票联 购买方记账凭证

凭证 28-1

领 料 单

凭证编号：07

领料单位：一车间　　　　　　　　　　　　　　　　　　材料类别：

用　　途：生产用　　　　2019 年 12 月 08 日　　　　材料仓库：

材料编号	材料名称	材料规格	计量单位	数量		成本		备注
				请领	实领	单位成本	金额	
	轴线		个		4 000			

领料单位负责人：　　　　领料人：李明　　发料人：赵伟　　记账：郑梅

凭证 28-2

领 料 单

凭证编号：08

领料单位：二车间　　　　　　　　　　　　　　　　　　材料类别：

用　　途：生产用　　　　2019 年 12 月 08 日　　　　材料仓库：

材料编号	材料名称	材料规格	计量单位	数量		成本		备注
				请领	实领	单位成本	金额	
	轴线		个		6 000			

领料单位负责人：　　　　领料人：王小悦　　发料人：赵伟　　记账：郑梅

凭证 29-1

收 款 凭 证

借方

科目 银行存款　　　　2019年 12 月 8 日　　　　银收字第 05 号

摘要	贷方科目	明细科目	记账符号	千	百	十	万	千	百	十	元	角	分
收回货款	应收账款	佳美服装	√			3	3	0	0	0	0	0	0
合　计			√		¥	3	3	0	0	0	0	0	0

附单据 1 张

财务主管 解亚楠　记账 赵菲燕　出纳　审核　制单 李蕾

凭证 29-2

中国工商银行 信汇凭证（回 单） 1

委托日期 2019 年 12 月 8 日

汇款人	全称	保定佳美服装贸易公司	收款人	全称	北京东方制衣有限公司
	账号	0180251000212344567		账号	0200012341234561234
	汇出地点	河北 省 保定 市/县		汇入地点	北京 省 朝阳 市/县
汇出行名称		工行保定市建设南路办事处	汇入行名称		工行北京分行朝阳支行常营分理处
金额	人民币（大写）	叁拾叁万元整			亿千百十万千百十元角分：¥33000000
			支付密码		
			附加信息及用途：		
		汇出行签章		复核：	记账：

中国工商银行股份有限公司 朝阳支行常营分理处 2019.12.08 对公结算业务处理戳（1）（处理结果见我行回单）

保定佳美服装贸易公司 财务专用章

军明印李

此联是汇出行给汇款人的回单

凭证 30-1

付 款 凭 证

贷方
科目 银行存款　　　　2019 年 12 月 8 日　　　　银付字第 16 号

摘 要	借方科目	明细科目	记账符号	千	百	十	万	千	百	十	元	角	分
支付电费	应付账款	水电费	√				4	1	8	2	8	5	2
	应交税费	应交增值税(进)	√					5	4	3	7	7	1
合 计			√			¥	4	7	2	6	6	2	3

附单据 2 张

财务主管 解亚楠　记账 赵菲燕　出纳　审核　制单 李 蕾

凭证 30-2

委邮

委托收款 结算凭证 (付款通知) ⑤

委托号码：第 3204 号

委托日期 2019 年 12 月 8日　　付款期限 2019 年 12 月 8 日

收款单位	全称	北京市电力公司	付款单位	全称	北京东方制衣有限公司
	账号	0200025674235124321		账号或住址	0200012341234561234
	开户银行	工行　行号		汇出银行	中国工商银行北京分行朝阳支行常营分理处
委收金额	人民币：(大写) 肆万柒仟贰佰陆拾陆元贰角叁分			千百十万千百十元角分	¥4726623
款项内容	水费	委托收款凭据名称	发票	附寄单证张数	
备注： 邮划		付款人注意： 1. 根据结算办法，上列委托收款，如在付款期限内未拒付时，即视同意付款，以此联代付款通知。 2. 如需提前付款或多付款时，应另写书面通知送银行办理。 3. 如系全部或部分拒付，应在付款期限内另填拒绝付款理由书送银行办理。			

中国工商银行股份有限公司朝阳支行常营分理处 2019.12.08 对公结算业务处理章（1）（处理结果见我行回单）

单位主管　会计　复核　记账

此联是付款单位开户银行给付款单位的付款通知

凭证 30-3

北京增值税专用发票

北京

发票联

1100164170　　　　　　　　　　№ 06215687

校验码 122304590856682356212　　　　　　　　开票日期 2019年12月8日

国税函（2019）1006号北京印钞厂

购买方	名　　称：北京东方制衣有限公司 纳税人识别号：11010562571729X 地 址、电 话：北京市朝阳区常营3号 010-84531288 开户行及账号：工行朝阳支行常营分理处 0200012341234561234	密码区	9+5 < 95/0+95 > 380265321691130776093067 23+3+- < 01 < 3-95*12-824556976049704795 1 > < 85962- < -289890 < -947900041795631 - > 503 > > *+50*96285 > 7004679646710136

货物或应税劳务、服务名称	规格型号	单位	数量	单价	金额	税率	税额
电		千瓦	70 980	0.589 3	41,828.52	13%	5,437.71
合　　计					¥41,828.52		¥5,437.71
价税合计（大写）	⊗ 肆万柒仟贰佰陆拾陆元贰角叁分				（小写）¥47,266.23		

销售方	名　　称：北京市电力公司 纳税人识别号：110103357653396 地 址、电 话：北京市朝阳区华威路18号 010-68102796 开户行及账号：工行朝阳华威路分理处 0200025678961654312	备注	北京市电力公司 税号：110103357653396 发票专用章

收款人：　　　　复核：　　　　开票人：金苗苗　　　　销售方：（章）

第三联 发票联 购买方记账凭证

凭证 31-1

付　款　凭　证

贷方科目　银行存款　　　　2019年12月8日　　　　银付字第17号

摘要	借方科目	明细科目	记账符号	千	百	十	万	千	百	十	元	角	分
支付货款	应付账款	东华服装公司	√			1	7	6	2	8	0	0	0
合　　计			√		¥	1	7	6	2	8	0	0	0

附单据 1 张

财务主管 解亚楠　　记账 赵菲燕　　出纳　　审核　　制单 李蕾

凭证 31-2

中国工商银行转账支票存根

支票号码　　0285205

科　　目　银行存款

对方科目　应付账款

签发日期　2019 年 12 月 8 日

收款人：	企华公司
金　额：	176 280 元
用　途：	支付货款

单位主管　　　会计

复核　　　　　记账

凭证 32-1

转　账　凭　证

2019 年 12 月 9 日　　　　转字第 04 号

摘要	总账科目	明细科目	√	借方金额 千	百	十	万	千	百	十	元	角	分	√	贷方金额 千	百	十	万	千	百	十	元	角	分
销售货物	应收账款	包头海天商贸	√			6	2	1	5	0	0	0	0											
	主营业务收入													√			5	5	0	0	0	0	0	0
	应交税费	应交增值税(销项)												√				7	1	5	0	0	0	0
合计					¥	6	2	1	5	0	0	0	0			¥	6	2	1	5	0	0	0	0

附单据 3 张

财务主管 解亚楠　　记账 赵菲燕　　审核　　制单 郑 梅

凭证 32-2

北京增值税专用发票

1100071140 №01973129

此联不作报销、扣税凭证使用 开票日期 2019年12月1日

国税函(2019)1006号北京印钞厂

购买方	名称：包头海天商贸公司 纳税人识别号：550501625744126 地址、电话：内蒙古包头稀土开发区黄河大街 0472-51086502 开户行及账号：工行黄河大街分理处 0200021221234567567				密码区	9+5<95/0+95>38026547456911307760930 67 23+3+-<01<3-95*12-8245569760497047956 1><85962-<-289890<-9479000417956314 ->503>>*+50*96852>70046796467101367	
货物或应税劳务、服务名称	规格型号	单位	数量	单价	金额	税率	税额
女式风衣		件	1 000	250.00	250,000.00	13%	32,500.00
男式夹克		件	1 000	300.00	300,000.00	13%	39,000.00
合计					¥550,000.00		¥71,500.00
价税合计（大写）	⊗陆拾贰万壹仟伍佰元整				（小写）	¥621,500.00	
销售方	名称：北京东方制衣有限公司 纳税人识别号：11010562571729X 地址、电话：北京市朝阳区常营3号 010-84531288 开户行及账号：工行朝阳支行常营分理处 0200012341234561234				备注		

收款人： 复核： 开票人：刘楠 销售方：（章）

第一联 记账联 销售方记账凭证

（印章：全国统一发票监制章 北京 国家税务局监制）

凭证 32-3

委电

委托收款结算凭证(回单) ①

委托日期 2019年12月9日 委托号码：第3205号

收款单位	全称	北京东方制衣有限公司	付款单位	全称	包头海天商贸公司
	账号	0200012341234561234		账号或住址	0603252001146227013
	开户银行	工行朝阳支行常营分理处　行号		汇入地点	工行包头昆区办事处
委收金额	人民币（大写）	陆拾贰万壹仟伍佰元整		千百十万千百十元角分	¥62150000
款项内容	货款	委托收款凭据名称	发票	附寄单证张数	1
备注：	电划	款项收妥日期 年 月 日		（收款人开户行盖章） 月 日	

（印章：北京工商银行 朝阳支行常营分理处 2019.12.9 结算专用章）

单位主管 会计 复核 记账

此联是收款单位开户银行给收款单位的回单

凭证 32-4

产品出库单

购货单位：包头海天商贸公司　　2019 年 12 月 09 日　　凭证编号：03

用途	产品名称	产品规格	计量单位	数量	成本		备注
					单位成本	金额	
销售	男式夹克		件	1 000			
销售	女式风衣		件	1 000			

主管：　会计：赵菲燕　保管员 刘英　经手人：

凭证 33-1

付款凭证

贷方

科目 银行存款　　2019 年 12 月 9 日　　银付字第 18 号

摘要	借方科目	明细科目	记账符号	金额 千	百	十	万	千	百	十	元	角	分
垫付运杂费	应收账款	包头海天商贸公司	√					3	6	0	0	0	0
合计			√				¥	3	6	0	0	0	0

附单据 1 张

财务主管 解亚楠　记账 赵菲燕　出纳　审核　制单 李蕾

凭证 33-2

中国工商银行转账支票存根

支票号码 0285206

科　目 银行存款

对方科目 应收账款

签发日期 2019 年 12 月 9 日

收款人：	包头海天商贸公司
金　额：	3 600元
用　途：	垫付运费

单位主管　会计

复核　记账

凭证 34-1

转 账 凭 证

2019年 12 月 9 日　　　　转字第 05 号

摘要	总账科目	明细科目	√	借方金额（千百十万千百十元角分）	√	贷方金额（千百十万千百十元角分）
购进的衬布验收入库	原材料	辅料（衬布）	√	4000000		
	在途物资				√	4000000
合　计				￥4000000		￥4000000

附单据 1 张

财务主管 解亚楠　记账 赵菲燕　审核　制单 郑　梅

凭证 34-2

收料单

供货单位名称　南阳北方纺织厂　　凭证编号：03

订货合同编号：　　材料类别：

发票编号：02254321　　2019 年 12 月 9 日　　收料仓库：

材料编号	材料名称	材料规格	计量单位	数量		实际成本					备注
				应收	实收	买价	运杂费	其他	合计	单位成本	
	衬布		米	20 000	20 000	40 000			40 000		

收料人：赵　伟　　经手人：李小华

凭证 35-1

转 账 凭 证

2019年 12 月 10 日　　　　转字第 06 号

摘要	科目	明细科目	√	借方金额（千百十万千百十元角分）	√	贷方金额（千百十万千百十元角分）
购进纯毛面料入库	原材料	主料（纯毛）	√	85000000		
	应交税费	增值税（进项）	√	11050000		
	应付账款	北京大新毛纺有限公司			√	96050000
合　计				￥96050000		￥96050000

附单据 2 张

财务主管 解亚楠　记账 赵菲燕　审核　制单 郑　梅

凭证 35-2

北京增值税专用发票

1100164170　　　　发票联　　　　№ 08316568

校验码 122304429856682358909　　　　开票日期 2019 年 12 月 10 日

购买方	名　　　称：北京东方制衣有限公司 纳税人识别号：11010562571729X 地 址、电 话：北京市朝阳区常营 3 号 010-84531288 开户行及账号：工行朝阳支行常营分理处 0200012341234561234	密码区	9+5 < 95/0+95 > 38026532174569113077609323+3+- < 01 < 3-95*12-8245569760497047601 > < 85962- < -289890 < -947900041795631- > 503 > > *+50*96285 > 7004679646710136

货物或应税劳务、服务名称	规格型号	单位	数量	单价	金额	税率	税额
纯毛面料		米	10 000	85.00	850,000.00	13%	110,500.00
合　　计					¥850,000.00		¥110,500.00
价税合计（大写）	⊗ 玖拾陆万零伍佰元整				（小写）¥960,500.00		

销售方	名　　　称：北京大新毛纺有限公司 纳税人识别号：110105632611127 地 址、电 话：北京市东城区东四大街 36 号 010-65027968 开户行及账号：工行东城支行东四分理处 0200044564562233123	备注	北京大新毛纺有限公司 税号：110105632611127 发票专用章

收款人：　　　复核：　　　开票人：张佳佳　　　销售方：（章）

国税函(2019)1006 号北京印钞厂

第三联 发票联 购买方记账凭证

凭证 35-3

收料单

供货单位名称 北京大新毛纺有限公司　　　　凭证编号：04

订货合同编号：　　　　材料类别：

发票编号：1845236　　2019 年 12 月 10 日　　收料仓库：

材料编号	材料名称	材料规格	计量单位	数量		实际成本					备注
				应收	实收	买价	运杂费	其他	合计	单位成本	
	纯毛面料		米	10 000	10 000				850 000		

收料人：赵伟　　　　经手人：李小华

凭证 36-1

付 款 凭 证

贷方
科目 银行存款　　　　2019 年 12 月 10 日　　　　银付字第 19 号

摘要	借方科目	明细科目	记账符号	千	百	十	万	千	百	十	元	角	分
购买办公用品	制造费用	一车间	√						1	8	6	0	0
		二车间	√						2	0	3	4	0
	辅助生产成本	机修车间	√						1	0	9	6	0
		运输车队	√						1	0	9	6	0
	销售费用		√						1	2	3	6	0
	管理费用	其他	√						6	0	6	0	0
合　计			√				¥	1	3	3	8	2	0

附单据 3 张

财务主管 解亚楠　记账 赵菲燕　出纳　审核　制单 李　蕾

凭证 36-2

办公用品领用表

领用单位	品名			金额（元）	经手人签字
	圆珠笔	笔记本	胶水		
一车间	40×3.5=144	20×1.5=30	10×1.2=12	186.00	张彤
二车间	40×3.5=144	30×1.5=45	12×1.2=14.4	203.40	王晓惠
机修车间	20×3.5=70	20×1.5=30	8×1.2=9.6	109.60	李英年
运输车队	20×3.5=70	20×1.5=30	8×1.2=9.6	109.60	赵志刚
销售部	24×3.5=84	20×1.5=30	8×1.2=9.6	123.60	周维维
管理部门	120×3.5=420	100×1.5=150	30×1.2=36	606.00	马旺
合计	932.00	315.00	91.20	1 338.20	

凭证 36－3

北京增值税专用发票

1100164170　　　　　　　　发票联　　　　　　　　№ 02316798

校验码 28890442985668235890 9　　　　　　　　开票日期 2019 年 12 月 10 日

购买方	名　　称：北京东方制衣有限公司 纳税人识别号：11010562571729X 地 址、电 话：北京市朝阳区常营 3 号 010-84531288 开户行及账号：工行朝阳支行常营分理处 0200012341234561234				密码区	9+5 < 95/0+95 > 3802653214569113077609 30 23+3+- < 01 < 3-95*12-824556976049704795 1 > < 85962- < -289890 < -947900041795636 - > 503 > > *+50*96285 > 7004679646710136		
货物或应税劳务、服务名称	规格型号	单位	数量	单价	金额	税率	税额	
办公用品					1,299.22	3%	38.98	
合　　计					¥1,299.22		¥38.98	
价税合计（大写）	⊗ 壹仟叁佰叁拾捌元贰角整				（小写）¥1,338.20			
销售方	名　　称：北京天昊商店 纳税人识别号：110105362678511 地 址、电 话：北京市丰台区方庄路 16 号 010-85327862 开户行及账号：工行丰台支行方庄分理处 0200025674424124567				备注	北京天昊商店 税号：110105362678511 发票专用章		

收款人：　　　　复核：　　　　开票人：赵恒　　　　销售方：（章）

国税函（2019）1006 号北京印钞厂

第三联　发票联　购买方记账凭证

凭证 36－4

中国工商银行转账支票存根

支票号码　　0285207

科　　目 银行存款

对方科目 制造费用等

签发日期 2019 年 12 月 10 日

收款人：	北京天昊商店
金　额：	1338.20 元
用　途：	购买办公用品

单位主管　　　　会计

复核　　　　　　记账

凭证 37-1

付 款 凭 证

贷方
科目 银行存款　　　　2019 年 12 月 10 日　　　　银付字第 20 号

摘要	借方科目	明细科目	记账符号	千	百	十	万	千	百	十	元	角	分
缴纳社会保险费	其他应付款	社会保险费	√				7	5	0	4	3	8	0
	应付职工薪酬	社会保险费	√			2	2	9	9	8	0	4	8
合计			√		¥	3	0	5	0	2	4	2	8

附单据 2 张

财务主管 解亚楠　记账 赵菲燕　出纳　审核　制单 李蕾

凭证 37-2

北京市行政事业性统一银钱收据

北京市财政局 票据专用章

支票号：No. 0285208

今收到 北京东方制衣有限公司

交来 社会保险费

人民币写 叁拾万零伍仟零贰拾肆元贰角捌分　¥305 024.28

收款单位（盖章）　朝阳区……中心 财务专用章

收款人（签章） 杨小辉

2019 年 12 月 10 日

第二联 收据

凭证37-3

中国工商银行转账支票存根

支票号码　　0285208

科　　目　银行存款

对方科目　其他应付款等

签发日期　2019年12月10日

收款人：	朝阳区社保中心
金　额：	305 024.28元
用　途：	社保费

单位主管　　　　会计

复核　　　　　　记账

凭证38-1

付　款　凭　证

贷方

科目　银行存款　　　　2019年12月10日　　　　银付字第21号

摘要	借方科目	明细科目	记账符号	千	百	十	万	千	百	十	元	角	分
缴纳住房公积金	其他应付款	住房公积金	√				5	6	0	9	2	8	0
	应付职工薪酬	住房公积金	√				5	6	0	9	2	8	0
合　计			√		￥	1	1	2	1	8	5	6	0

附单据2张

财务主管　解亚楠　记账　赵菲燕　出纳　　审核　　制单　李　蕾

凭证 38-2

北京市行政事业性统一银钱收据

北京市财政局 票据 专用章

支票号：No. 0285209

今收到 北京东方制衣有限公司

交 来 住房公积款

人民币（大写）壹拾壹万贰仟壹佰捌拾伍元陆角 ¥112 185.60

收款单位（盖章） 北京住房公积金管理中心 财务专用章

收款人（签章） 王小小

2019 年 12 月 10 日

第二联 收据

凭证 38-3

中国工商银行转账支票存根

支票号码 0285209

科 目 银行存款

对方科目 其他应付款等

签发日期 2019 年 12 月 10 日

收款人：	北京市住房公积金管理中心
金 额：	112 185.60 元
用 途：	住房公积金

单位主管 会计

复核 记账

凭证 39-1

付 款 凭 证

贷方
科目 库存现金　　2019 年 12 月 11 日　　现付字第 04 号

摘要	借方科目	明细科目	记账符号	千	百	十	万	千	百	十	元	角	分
报销汽油费等	辅助生产成本	运输车队	√					6	9	0	0	0	0
合　计			√				¥	6	9	0	0	0	0

附单据 1 张

财务主管 解亚楠　记账 赵菲燕　出纳　审核　制单 李 蕾

凭证 39-2

费用报销审批单

部门：运输车队　　2019 年 12 月 11 日

经手人	陈颖	事由	报销费用	
项目		金额	支付方式	备注
汽油费		6 000.00		
过路费		900.00		
合计		6 900.00	现金	
公司领导审批意见	财务主管	部门领导	出纳	经手人
王文学	解亚楠	王小敏	李 蕾	王虎

附单据(略)张

凭证 40-1

付 款 凭 证

贷方科目 银行存款　　　　2019 年 12月 11 日　　　　银付字第 22 号

摘　要	借方科目	明细科目	记账符号	千	百	十	万	千	百	十	元	角	分
归还货款	应付账款	北京大新毛纺有限公司	√			9	6	0	5	0	0	0	0
		企华公司						8	5	0	0	0	0
合　计			√		¥	9	6	9	0	0	0	0	0

附单据 2 张

财务主管 解亚楠　记账 赵菲燕　出纳　审核　制单 李 蕾

凭证 40-2

中国工商银行转账支票存根

支票号码 0285210

科　目 银行存款

对方科目 应付账款

签发日期 2019 年 12 月 11 日

收款人：北京大新毛纺有限公司

金　额：969 000 元

用　途：支付货款

单位主管　会计

复核　记账

凭证 40-3

中国工商银行转账支票存根

支票号码 0285211

科　目 银行存款

对方科目 应付账款

签发日期 2019 年 12 月 11 日

收款人：企华公司

金　额：8 500 元

用　途：支付货款

单位主管　会计

复核　记账

凭证 41-1

付款凭证

贷方

科目 库存现金　　2019 年 12 月 11 日　　现付字第 05 号

摘要	借方科目	明细科目	记账符号	千	百	十	万	千	百	十	元	角	分
报销餐费	管理费用		✓					1	6	6	4	0	0
合计			✓				¥	1	6	6	4	0	0

附单据 1 张

财务主管　　记账 赵菲燕　　出纳　　审核 解亚楠　　制单 李蕾

凭证 41-2

北京增值税专用发票

1100164170　　发票联　　№ 06316145

校验码 36590442985668235670９　　开票日期 2019 年 12 月 10 日

购买方	名称：北京东方制衣有限公司 纳税人识别号：11010562571729X 地址、电话：北京市朝阳区常营 3 号 010-84531288 开户行及账号：工行朝阳支行常营分理处 0200012341234561234	密码区	9+5 < 95/0+95 > 38026532156911307760980３ 23+3+- < 01 < 3-95*12-824556976049704795 1 > < 85962- < -289890 < -947900041795634 - > 503 > > *+50*96285 > 7004679646710136

货物或应税劳务、服务名称	规格型号	单位	数量	单价	金额	税率	税额
餐费					1,569.81	6%	94.19
合计					¥1,569.81		¥94.19
价税合计（大写）	⊗ 壹仟陆佰陆拾肆元整				（小写）¥1,664.00		

销售方	名称：北京龙福大酒店 纳税人识别号：110106062930739 地址、电话：北京市顺义区新华南路 3 号 010-645971172 开户行及账号：工行顺义支行新华路分理处 0200014231675422631	备注	北京龙福大酒店 税号：110106062930739 发票专用章

收款人：　　复核：　　开票人：方明　　销售方：（章）

国税函〔2019〕1006 号北京印钞厂

第三联 发票联 购买方记账凭证

凭证 42-1

付 款 凭 证

贷方

科目 库存现金 2019 年 12 月 12 日 现付字第 06 号

摘要	借方科目	明细科目	记账符号	千	百	十	万	千	百	十	元	角	分
报销餐费	销售费用		√						9	0	0	0	0
合计			√					¥	9	0	0	0	0

附单据 1 张

财务主管 记账 赵菲燕 出纳 审核 解亚楠 制单 李蕾

凭证 42-2

北京增值税专用发票

1100164170 发票联 № 08612736

校验码 122304429856682356212 开票日期 2019 年 12 月 11 日

购买方	名称：北京东方制衣有限公司 纳税人识别号：11010562571729X 地址、电话：北京市朝阳区常营 3 号 010-84531288 开户行及账号：工行朝阳支行常营分理处 0200012341234561234	密码区	9+5 < 95/0+95 > 380265321569113077609306 23+3+- < 01 < 3-95*12-824556976049704795 1 > < 85962- < -289890 < -947900041795631 - > 503 > > *+50*96285 > 7004679646710136

货物或应税劳务、服务名称	规格型号	单位	数量	单价	金额	税率	税额
餐费			1	849.00	849.00	6%	51.00
合计					¥849.00		¥51.00
价税合计（大写）	⊗ 玖佰元整				（小写）¥900.00		

销售方	名称：北京云瑞大酒店 纳税人识别号：110106062930618 地址、电话：北京市石景山区古城路 9 号 010-68112900 开户行及账号：工行石景山支行古城路分理处 0200014231675422881	备注	北京云瑞大酒店 税号：110106062930618 发票专用章

收款人： 复核： 开票人：刘力 销售方：（章）

第三联 发票联 购买方记账凭证

国税函（2019）1006 号北京印钞厂

凭证 43－1

付 款 凭 证

贷方
科目 银行存款　　　　2019 年 12 月 12 日　　　　银付字第 23 号

摘要	借方科目	明细科目	记账符号	千	百	十	万	千	百	十	元	角	分
签发汇票	其他货币资金	银行汇票存款	√			7	3	0	0	0	0	0	0
合计			√		¥	7	3	0	0	0	0	0	0

附单据 1 张

财务主管　　记账 赵菲燕　　出纳　　审核 解亚楠　　制单 李蕾

凭证 43－2

中国工商银行汇票委托书(存根)　　1　　第 12 号

委托日期 2019 年 12 月 12 日

收款单位或个人	大华纺织厂		汇款单位或个人	北京东方制衣有限公司
账号或住址	8040911232516512356 7		账号或住址	02000123412345612 34
汇入地点	天津省 红桥 市/县	汇入行 工商银行西青道分理处	汇款用途	支付货款
汇款金额	人民币(大写) 柒拾叁万元整			千 百 十 万 千 百 十 元 角 分 ¥ 7 3 0 0 0 0 0 0

此联由汇款单位或个人留存代替记账凭证

备注：

中国工商银行股份有限公司
朝阳支行常营分理处
2019.12.12
对公结算业务处理章（1）
（处理结果见我行回单）

财务主管：　　复核：　　经办：

凭证 44-1

付　款　凭　证

贷方
科目　银行存款　　　　2019 年 12 月 12 日　　　　银付字第 24 号

摘　要	借方科目	明细科目	记账符号	千	百	十	万	千	百	十	元	角	分
提取现金	库存现金		√				3	0	0	0	0	0	0
合　计			√			¥	3	0	0	0	0	0	0

附单据 1 张

财务主管　　记账 赵菲燕　　出纳　　审核 解亚楠　　制单 李蕾

凭证 44-2

中国工商银行现金支票存根

支票号码　0345654

科　目 银行存款

对方科目 库存现金

签发日期 2019年12月12日

收款人：北京东方制衣有限公司

金　额：30 000 元

用　途：提现备用

单位主管　　会计

复核　　记账

凭证 45-1

转 账 凭 证

2019 年 12 月 13 日　　　　　　　　转字第 07 号

摘要	总账科目	明细科目	√	借方金额 千	百	十	万	千	百	十	元	角	分	√	贷方金额 千	百	十	万	千	百	十	元	角	分
销售服装	应收账款	惠新商贸公司	√			3	7	2	9	0	0	0	0											
	主营业务收入													√			3	3	0	0	0	0	0	0
	应交税费	增值税（销项）												√				4	2	9	0	0	0	0
合计					¥	3	7	2	9	0	0	0	0			¥	3	7	2	9	0	0	0	0

附单据 2 张

财务主管　　记账 赵菲燕　　审核 解亚楠　　制单 郑梅

凭证 45-2

北京增值税专用发票

（印章：全国统一发票监制章 北京 国家税务局监制）

1100071140　　　　　　　　№ 01973130

此联不作报销、扣税凭证使用　　　　开票日期 2019 年 12 月 13 日

购买方	名　　称：北京惠新商贸公司 纳税人识别号：11010242521258X 地 址、电 话：北京市西城区百万庄路 2 号 010-66115432 开户行及账号：工行百万庄分理处 0200021227345186543				密码区	9+5 < 95/0+95 > 380265474569113077609З067 23+3+- < 01 < 3-95*12-8245569760497047956 1 > < 85962- < -289890 < -9479000417956314 - > 503 > > *+50*96852 > 70046796467101367	
货物或应税劳务、服务名称	规格型号	单位	数量	单价	金额	税率	税额
女式风衣		件	600	250.00	150,000.00	13%	19,500.00
男式夹克		件	600	300.00	180,000.00	13%	23,400.00
合　　计					¥330，000.00		¥42,900.00
价税合计（大写）	⊗ 叁拾柒万贰仟玖佰元整				（小写）	¥372,900.00	
销售方	名　　称：北京东方制衣有限公司 纳税人识别号：11010562571729X 地 址、电 话：北京市朝阳区常营 3 号 010-84531288 开户行及账号：工行朝阳支行常营分理处 0200012341234561234				备注		

收款人：　　复核：　　开票人：刘 楠　　销售方：（章）

国税函（2019）1006 号北京印钞厂

第一联 记账联 销售方记账凭证

凭证 45-3

产品出库单

购货单位：惠新商贸公司　　2019年 12 月 13 日　　凭证编号：04

用途	产品名称	产品规格	计量单位	数量	成本		备注
					单位成本	金额	
销售	女式风衣		件	600			
	男式夹克		件	600			

主管：　会计：赵菲燕　保管员 刘英　经手人：

凭证 46-1

收款凭证

借方

科目 银行存款　　2019 年 12 月 13 日　　银收字第 06 号

摘要	贷方科目	明细科目	记账符号	千	百	十	万	千	百	十	元	角	分
银行汇票多余款	其他货币资金	银行汇票存款	✓				3	3	9	2	0	0	0
合计			✓			¥	3	3	9	2	0	0	0

附单据 1 张

财务主管　记账 赵菲燕　出纳　审核 解亚楠　制单 李蕾

凭证 46－2

付款期 壹个月

中国工商银行

银行汇票 4

地名 VⅡ 00000000

第 12 号

签发日期（大写）：贰零壹玖年壹拾贰月壹拾叁日　兑付地点：　兑付行：　行号：

收款人：天津大华纺织有限公司　账号或地址：80409112325165123567

汇款金额　人民币（大写）：陆拾玖万陆仟零捌拾元整

实际结算金额　人民币（大写）：陆拾玖万陆仟零捌拾元整

千	百	十	万	千	百	十	元	角	分
	¥	6	9	6	0	8	0	0	0

汇款人：北京东方制衣有限公司　账号或住址：02000123412345612345

签发行：朝阳支行常营分理处　行号：

汇款用途：购货款

签发行盖章

中国工商银行股份有限公司
朝阳支行常营分理处
2019.12.13
对公结算业务处理戳（1）
（处理结果见我行回单）

多余金额

百	十	万	千	百	十	元	角	分
		3	3	9	2	0	0	0

科目（借）

对方科目（贷）

兑付日期　年　月　日

复核　记账

此联出票行结清多余款后交申请人

本汇票和解讫通知一并由汇款人自带，兑付行

凭证 47－1

转账凭证

2019 年 12 月 13 日　转字第 08 号

摘要	总账科目	明细科目	√	借方金额 千	百	十	万	千	百	十	元	角	分	√	贷方金额 千	百	十	万	千	百	十	元	角	分
购原材料	原材料	主料（毛涤面料）	√			6	1	6	0	0	0	0	0											
	应交税费	增值税（进项）	√				8	0	0	8	0	0	0											
	其他货币资金	银行汇票存款												√			6	9	6	0	8	0	0	0
合计					¥	6	9	6	0	8	0	0	0			¥	6	9	6	0	8	0	0	0

附单据 2 张

财务主管　记账 赵菲燕　审核 解亚楠　制单 郑梅

凭证 47-2

天津增值税专用发票

2200164170　　发票联　　№ 02211417

校验码 18860442985668235670 9　　开票日期 2019 年 12 月 13 日

国税函（2019）1006 号北京印钞厂

购买方	名　　称：北京东方制衣有限公司 纳税人识别号：11010562571729X 地 址、电 话：北京市朝阳区常营 3 号 010-84531288 开户行及账号：工行朝阳支行常营分理处 0200012341234561234	密码区	9+5 < 95/0+95 > 38026532156911307760930 6 23+3+- < 01 < 3-95*12-824556976049704798 1 > < 85962- < -289890 < -947900041795638 - > 503 > > *+50*96285 > 7004679646710136

货物或应税劳务、服务名称	规格型号	单位	数量	单价	金额	税率	税额
毛涤面料		米	11 000	56.00	616,000.00	13%	80,080.00
合　　计					¥616,000.00		¥80,080.00
价税合计（大写）	⊗ 陆拾玖万陆仟零捌拾元整				（小写）¥696,080.00		

销售方	名　　称：天津大华纺织有限公司 纳税人识别号：220307263599211 地 址、电 话：天津市红桥区西青道 63 号 022-86553323 开户行及账号：工行西青道分理处 8040911232516512356	备注	天津大华纺织有限公司 税号：220307263599211 发票专用章

收款人：　　复核：　　开票人：王丽　　销售方：（章）

第三联 发票联 购买方记账凭证

凭证 47-3

收料单

供货单位名称：天津大华纺织有限公司　　凭证编号：05

订货合同编号：　　材料类别：

发票编号：02211417　　2019 年 12 月 13 日　　收料仓库：

材料编号	材料名称	材料规格	计量单位	数量		实际成本					备注
				应收	实收	买价	运杂费	其他	合计	单位成本	
	毛涤面料		米	11 000	11 000	616 000			616 000		

收料人：赵伟　　经手人：李小华

凭证 48-1

付 款 凭 证

贷方

科目 库存现金　　　　2019年 12 月 14 日　　　　现付字第 07 号

摘要	借方科目	明细科目	记账符号	千	百	十	万	千	百	十	元	角	分
预借差旅费	其他应收款	张洪庆	√					3	1	8	9	1	2
合　计			√				￥	3	1	8	9	1	2

附单据 1 张

财务主管　　记账 赵菲燕　　出纳　　审核 解亚楠　　制单 李蕾

凭证 48-2

借 款 单

2019 年 12月 14 日　　　　第 3 号

借款单位：管理部门
借款理由：出差
借款数额：人民币（大写）叁仟壹佰捌拾玖元壹角贰分　　￥：3189.12
本单位负责人意见：王月　　借款人：张洪庆
领导批示：王文学　　财务负责人：解亚楠　　经办人：李蕾

凭证 49-1

收 款 凭 证

借方
科目 银行存款　　　　2019年 12月 15日　　　　银收字第 07 号

摘要	贷方科目	明细科目	记账符号	千	百	十	万	千	百	十	元	角	分
收到货款	应收账款	海天商贸	√			6	2	5	1	0	0	0	0
合　计			√		¥	6	2	5	1	0	0	0	0

附单据 1 张

财务主管　　记账 赵菲燕　　出纳　　审核 解亚楠　　制单 李 蕾

凭证 49-2

委电

委托收款结算凭证（收账通知） ④

委托日期 2019 年 12 月 15 日　　　委托号码: 第 3208 号

收款单位	全称	北京东方制衣有限公司	付款单位	全称	包头海天商贸公司
	账号	0200012341234561234		账号或住址	0603252001146227013
	开户银行	工行朝阳支行常营分理处　行号		汇入地点	工行包头昆区办事处
委收金额	人民币（大写）	陆拾贰万伍仟壹佰元整		千 百 十 万 千 百 十 元 角 分	¥ 6 2 5 1 0 0 0 0（百 十 万 千 百 十 元 角 分）
款项内容		委托收款凭据名称			
备注:	电划	款项收妥日期　年　月　日			（收款人开户行盖章）　月　日

中国工商银行股份有限公司朝阳支行常营分理处 2019.12.15 对公结算业务处理戳（1）（处理结果见我行回单）

附寄单证张数

单位主管　　会计　　复核　　记账

此联为收款通知，由收款人开户银行在款项收

凭证 50-1

转 账 凭 证

2019 年 12 月 15 日　　　　转字第 09 号

摘要	总账科目	明细科目	√	借方金额 千	百	十	万	千	百	十	元	角	分	√	贷方金额 千	百	十	万	千	百	十	元	角	分
销售服装	管理费用	其他	√				4	9	0	0	0	0	0											
	应付账款	企华公司												√				4	9	0	0	0	0	0
合计						¥	4	9	0	0	0	0	0				¥	4	9	0	0	0	0	0

附单据　张

财务主管　　记账 赵菲燕　　审核 解亚楠　　制单 郑梅

凭证 51-1

产 品 入 库 单

缴库单位：一车间　　　　2019 年 12 月 15 日　　　　凭证编号：01

用途	产品名称	产品规格	计量单位	数量	成本 单位成本	成本 金额	备注
销售	男式夹克		件	2 000			
	女式风衣		件	2 000			

主管：　　会计：赵菲燕　　保管员：刘英　　经手人：

凭证 51－2

产品入库单

缴库单位：二车间　　　　2019年　12　月　15　日　　　　凭证编号：02

用途	产品名称	产品规格	计量单位	数量	成本		备注
					单位成本	金额	
销售	男士西服		套	2 000			
	男士休闲西服		件	2 000			

主管：　　会计：赵菲燕　　保管员：刘英　　经手人：

凭证 52－1

转账凭证

2019年 12 月 15 日　　　　转字第 10 号

摘要	总账科目	明细科目	√	借方金额										√	贷方金额									
				千	百	十	万	千	百	十	元	角	分		千	百	十	万	千	百	十	元	角	分
代扣社会、住房公积	应付职工薪酬	工资	√			1	3	1	3	5	2	6	0											
	其他应付款	社会保险费	√											√				7	5	1	6	3	8	0
		住房公积金												√				5	6	1	8	8	8	0
合计					￥	1	3	1	3	5	2	6	0			￥	1	3	1	3	5	2	6	0

附单据 1 张

财务主管　　记账 赵菲燕　　审核 解亚楠　　制单 郑梅

凭证 52-2

工资结算汇总表

2019 年 12 月 15 日　　　　单位：元

部门		人数	应发工资	代扣项目					实发工资
				养老保险	失业保险	医疗保险	住房公积金	其他	
一车间	工人	59	160 600	12 848	803	3 566	12 848		130 535
	管理人员	3	10 200	816	51	216	816		8 301
二车间	工人	100	280 000	22 400	1 400	6 200	22 400		227 600
	管理人员	5	17 000	1 360	85	370	1 360		13 825
机修车间		8	22 960	1 836.80	114.8	507.2	1 836.8		18 664.40
运输车队		8	23 600	1 888	118	520	1 888		19 186
销售部门		12	36 800	2 944	184	808	2 944		29 920
管理部门		42	151 200	12 096	756	3 276	12 096		122 976
合计		237	702 360	56 188.80	3511.8	15 463.2	56 188.8		571 007.4

凭证 53-1

付 款 凭 证

贷方
科目 银行存款　　　　2019 年 12 月 15 日　　　　银付字第 25 号

摘要	借方科目	明细科目	记账符号	千	百	十	万	千	百	十	元	角	分
支付本月职工工资	应付职工薪酬	工资	✓			5	7	1	0	0	7	4	0
合计			✓		¥	5	7	1	0	0	7	4	0

附单据 1 张

财务主管　　记账 赵菲燕　　出纳　　审核 解亚楠　　制单 李蕾

凭证 53-2

中国工商银行转账支票存根

支票号码　　　0285212

科　　目　银行存款

对方科目　应付职工薪酬

签发日期　2019 年 12 月 15 日

收款人：	北京东方制衣有限公司
金　额：	571 007.40 元
用　途：	支付工资

单位主管　　　　会计

复核　　　　　　记账

凭证 54-1

领 料 单

凭证编号：　09

领料单位：一车间　　　　　　　　　　　　材料类别：

用　　途：生产夹克　　2019 年 12 月 16 日　　材料仓库：

材料编号	材料名称	材料规格	计量单位	数量		成本		备注
				请领	实领	单位成本	金额	
	毛涤面料		米		4 400			
	美丽绸		米		4 000			
	中号纽扣		枚		4 000			
	铜制拉链		条		2 000			
	衬布		米		400			

领料单位负责人：　　　　领料人：王强　　发料人：赵伟　　记账：郑梅

凭证 54-2

领 料 单

凭证编号： 10

领料单位：一车间　　　　　　　　　　　　　　　　　　材料类别：

用　　途：生产女士风衣　　　　2019 年 12 月 16 日　　　　材料仓库：

材料编号	材料名称	材料规格	计量单位	数量		成本		备注
				请领	实领	单位成本	金额	
	防雨布料		米		4 000			
	大号纽扣		枚		6 200			
	中号纽扣		枚		6 000			
	小号纽扣		枚		10 000			
	腰带扣		个		4 000			

领料单位负责人：　　　　领料人：王强　　　　发料人：赵伟　　　　记账：郑梅

凭证 54-3

领 料 单

凭证编号： 11

领料单位：二车间　　　　　　　　　　　　　　　　　　材料类别：

用　　途：生产男式西服套装　　　　2019 年 12 月 16 日　　　　材料仓库：

材料编号	材料名称	材料规格	计量单位	数量		成本		备注
				请领	实领	单位成本	金额	
	纯毛面料		米		7 000			
	美丽绸		米		6 000			
	大号纽扣		枚		6 000			
	小号纽扣		枚		24 400			
	衬布		米		2 000			
	垫肩		个		4 000			

领料单位负责人：　　　　领料人：李明　　　　发料人：赵伟　　　　记账：郑梅

凭证 54-4

领 料 单

凭证编号： 12

领料单位：二车间　　　　　　　　　　　　　　　　　　　材料类别：

用　途：生产男式西服上衣　　　　2019 年 12 月 16 日　　　　材料仓库：

材料编号	材料名称	材料规格	计量单位	数量		成本		备注
				请领	实领	单位成本	金额	
	纯毛面料		米		4 200			
	美丽绸		米		3 600			
	大号纽扣		枚		6 000			
	小号纽扣		枚		12 200			
	衬布		米		1 000			
	垫肩		个		4 000			

领料单位负责人：　　　　领料人：王小悦　　发料人：赵伟　　记账：郑梅

凭证 55-1

领 料 单

凭证编号： 13

领料单位：一车间　　　　　　　　　　　　　　　　　　　材料类别：

用　途：生产　　　　2019 年 12 月16 日　　　　材料仓库：

材料编号	材料名称	材料规格	计量单位	数量		成本		备注
				请领	实领	单位成本	金额	
	塑料袋		个		4 000			

领料单位负责人：　　　　领料人：王强　　发料人：赵伟　　记账：郑梅

凭证 55－2

领料单

凭证编号： 14

领料单位：二车间　　　　材料类别：

用　　途：生产　　2019 年 12 月16 日　　材料仓库：

材料编号	材料名称	材料规格	计量单位	数量		成本		备注
				请领	实领	单位成本	金额	
	无纺布西服套		个		4 000			
	衣架		个		4 000			

领料单位负责人：　　领料人：王小悦　　发料人：赵伟　　记账：郑梅

凭证 56－1

付款凭证

贷方

科目 银行存款　　2019 年 12 月 17 日　　银付字第 26 号

摘要	借方科目	明细科目	记账符号	千	百	十	万	千	百	十	元	角	分
购买办公用品	管理费用		√					3	0	0	0	0	0
合计			√				¥	3	0	0	0	0	0

附单据 2 张

财务主管　　记账 赵菲燕　　出纳　　审核 解亚楠　　制单 李蕾

凭证 56-2

北京增值税专用发票

1100164170　　　　发票联　　　　№ 01731875

校验码 699604429856682356212　　　　开票日期 2019 年 12 月 17 日

购买方	名　　称：北京东方制衣有限公司 纳税人识别号：11010562571729X 地 址、电 话：北京市朝阳区常营 3 号 010-84531288 开户行及账号：工行朝阳支行常营分理处 0200012341234561234	密码区	9+5 < 95/0+95 > 380265321113077609308907 23+3+- < 01 < 3-95*12-824556976049704795 1 > < 85962- < -289890 < -947900041795631 - > 503 > > *+50*96285 > 7004679646710136

货物或应税劳务、服务名称	规格型号	单位	数量	单价	金额	税率	税额
办公用品					2,912.62	3%	87.38
合　　计					¥2,912.62		¥87.38
价税合计（大写）	⊗ 叁仟元整				（小写）¥3,000.00		

销售方	名　　称：北京天昊化工商店 纳税人识别号：110105362678732 地 址、电 话：北京市丰台区方庄路 17 号 010-85327863 开户行及账号：工行丰台支行方庄分理处 0200025674424124568	备注	北京天昊化工商店 税号：110105362688732 发票专用章

收款人：　　复核：　　开票人：王小明　　销售方：（章）

国税函〔2019〕1006 号北京印钞厂

第三联 发票联 购买方记账凭证

凭证 56-3

中国工商银行转账支票存根

支票号码　0285213

科　目　银行存款

对方科目　管理费用

签发日期 2019 年 12 月 17 日

收款人：	北京天昊化工商店
金　额：	3 000 元
用　途：	购买办公用品

单位主管　　会计

复核　　记账

凭证57-1

付 款 凭 证

贷方
科目 银行存款　　　　2019年12月17日　　　　银付字第27号

摘要	借方科目	明细科目	记账符号	千	百	十	万	千	百	十	元	角	分
支付前欠货款	应付账款	新华百货公司	✓				6	0	0	0	0	0	0
合计			✓			￥	6	0	0	0	0	0	0

附单据1张

财务主管　　记账 赵菲燕　　出纳　　审核 解亚楠　　制单 李蕾

凭证57-2

中国工商银行信汇凭证（回单）　　1

委托日期 2019年12月17日　　　　第401295号

汇款人	全称	北京东方制衣有限公司		收款人	全称	新华百货公司	
	账号或住址	0200012341234561234			账号或住址	200012423516225456	
	汇出地点	省北京市	汇出行名称：工行朝阳支行		汇入地点	省北京市	汇出行名称：工行东城支行

金额	人民币（大写）	千	百	十	万	千	百	十	元	角	分
	陆万元整			￥	6	0	0	0	0	0	0

汇款用途：支付货款

上列款项已根据委托办理，如需查询，请持此回单来行面洽

单位主管　　会计　　复核　　记账

中国工商银行股份有限公司
朝阳支行营业分理处
2019.12.17
对公结算业务处理戳（1）
（处理结果见我行回单）

此联是汇出行给汇款人的回单

凭证 58-1

付 款 凭 证

贷方

科目 银行存款　　2019 年 12 月 18 日　　银付字第 28 号

摘要	借方科目	明细科目	记账符号	千	百	十	万	千	百	十	元	角	分
购买原材料	原材料	耗材（缝纫机油）	✓					1	3	0	0	0	0
合计			✓				¥	1	3	0	0	0	0

附单据 3 张

财务主管　记账 赵菲燕　出纳　审核 解亚楠　制单 李蕾

凭证 58-2

北京增值税专用发票

1100164170　　发票联　　№ 01731878

校验码 699604429856682356232　　开票日期 2019 年 12 月 18 日

购买方	名称：北京东方制衣有限公司 纳税人识别号：11010562571729X 地址、电话：北京市朝阳区常营 3 号 010-84531288 开户行及账号：工行朝阳支行常营分理处 0200012341234561234	密码区	9+5 < 95/0+95 > 380265321456911307760930 23+3+- < 01 < 3-95*12-824556976049704795 1 > < 85962- < -289890 < -947900041795631 - > 503 > > *+50*96285 > 7004679646710136

货物或应税劳务、服务名称	规格型号	单位	数量	单价	金额	税率	税额
缝纫机油					1,262.14	3%	37.86
合计					¥1,262.14		¥37.86
价税合计（大写）	⊗ 壹仟叁佰元整				（小写）¥1,300.00		

销售方	名称：北京天昊化工商店 纳税人识别号：110105362678732 地址、电话：北京市丰台区方庄路 17 号 010-85327863 开户行及账号：工行丰台支行方庄分理处 0200025674424124568	备注	北京天昊化工商店 税号：110105362688732 发票专用章

收款人：　复核：　开票人：王小明　销售方：（章）

国税函 (2019) 1006 号北京印钞厂

第三联 发票联 购买方记账凭证

凭证 58-3

收料单

供货单位名称　北京天昊化工商店　　　　凭证编号：06

订货合同编号：　　　　　　　　　　　　材料类别：

发票编号：03502532　　2019 年 12 月 18 日　　收料仓库：

材料编号	材料名称	材料规格	计量单位	数量		实际成本					备注
				应收	实收	买价	运杂费	其他	合计	单位成本	
	缝纫机油		瓶	200	200	1 300			1 300		

收料人：赵伟　　　　经手人：李小华

凭证 58-4

中国工商银行转账支票存根

支票号码　0285214

科　目 银行存款

对方科目 原材料

签发日期 2019年 12 月18 日

收款人：	北京天昊化工商店
金　额：	1 300 元
用　途：	支付货款

单位主管　　会计

复核　　记账

凭证 59-1

付款凭证

贷方科目 银行存款　　　　2019 年 12 月 18 日　　　　银付字第 29 号

摘要	借方科目	明细科目	记账符号	金额 千	百	十	万	千	百	十	元	角	分
预付货款	预付账款	北京大新毛纺有限公司	√			1	9	2	1	0	0	0	0
合计			√		¥	1	9	2	1	0	0	0	0

附单据 3 张

财务主管 解亚楠　记账 赵菲燕　出纳　审核　制单 李蕾

凭证 59-2

北京增值税专用发票

1100164170　　　　发票联　　　　№ 08316578

校验码 12230442985668235890 9　　　　开票日期 2019 年 12 月 18 日

国税函（2019）1005 号北京印钞厂

购买方	名称：北京东方制衣有限公司 纳税人识别号：11010562571729X 地址、电话：北京市朝阳区常营 3 号 010-84531288 开户行及账号：工行朝阳支行常营分理处 0200012341234561234	密码区	9+5 < 95/0+95 > 380265321456911307760930 23+3+- < 01 < 3-95*12-824556976049704795 1 > < 85962- < -289890 < -947900041795631 - > 503 > > *+50*96285 > 7004679646710136

货物或应税劳务、服务名称	规格型号	单位	数量	单价	金额	税率	税额
纯毛面料		米	2 000	85.00	170,000.00	13%	22,100.00
合计					¥170,000.00		¥22,100.00
价税合计（大写）	⊗ 壹拾玖万贰仟壹佰元整				（小写）¥192,100.00		

销售方	名称：北京大新毛纺有限公司 纳税人识别号：110105632611127 地址、电话：北京市东城区东四大街 36 号 010-65027968 开户行及账号：工行东城支行东四分理处 0200044564562233123	备注	北京大新毛纺有限公司 税号：110105632611127 发票专用章

收款人：　　复核：　　开票人：张佳佳　　销售方：（章）

第三联 发票联 购买方记账凭证

凭证 59－3

收料单

供货单位名称 北京大新毛纺有限公司　　　　凭证编号：07

订货合同编号：　　　　材料类别：

发票编号：01845248　　2019 年 12 月 18 日　　收料仓库：

材料编号	材料名称	材料规格	计量单位	数量		实际成本					备注
				应收	实收	买价	运杂费	其他	合计	单位成本	
	纯毛面料		米	2 000	2 000	170 000			170 000		

收料人：赵伟　　　　经手人：李小华

凭证 59－4

中国工商银行转账支票存根

支票号码　0285215

科　目 银行存款

对方科目 预付账款

签发日期 2019 年 12 月 18 日

收款人：	北京大新毛纺有限公司
金　额：	192 100 元
用　途：	预付货款

单位主管　　会计

复核　　记账

凭证 60-1

收 款 凭 证

借方

科目 银行存款　　2019 年 12 月 18 日　　银收字第 08 号

摘要	贷方科目	明细科目	记账符号	千	百	十	万	千	百	十	元	角	分
销售收款	主营业务收入		✓			4	6	8	0	0	0	0	0
	应交税费	应交增值税(销项)	✓				6	0	8	4	0	0	0
合计			✓		¥	5	2	8	8	4	0	0	0

附单据 2 张

财务主管　　记账 赵菲燕　　出纳　　审核 解亚楠　　制单 李蕾

凭证 60-2

中国工商银行 进账单（收账通知）

2019 年 12 月 18 日　　第 4 号

付款人	全称	大同华贸服装公司	收款人	全称	北京东方制衣有限公司
	账号或地址	4000025801202367264		账号或地址	0200012341234561234
	开户银行	工行深圳友谊支行		开户银行	工行朝阳支行常营分理处

人民币（大写）：伍拾贰万捌仟捌佰肆拾元整	千	百	十	万	千	百	十	元	角	分
		¥	5	2	8	8	4	0	0	0

票据种类	银行汇票	中国工商银行股份有限公司 朝阳支行常营分理处 2019.12.18 对公结算业务处理戳（1） （处理结果见我行回单） 收款人开户银行盖章
票据张数	1	
单位主管　会计　复核　记账		

此联是收款人开户银行给收款人的收账通知

凭证 60-3

产品出库单

购货单位：大同华贸服装公司　　2019年12月18日　　凭证编号：05

用途	产品名称	产品规格	计量单位	数量	成本		备注
					单位成本	金额	
销售	男式西服套装		套	600			

主管：　　会计：赵菲燕　　保管员：刘英　　经手人：

凭证 61-1

付款凭证

贷方科目：银行存款　　2019年12月19日　　银付字第30号

摘要	借方科目	明细科目	记账符号	千	百	十	万	千	百	十	元	角	分
购入包装物	周转材料	包装物（衣架）	√				7	0	0	0	0	0	0
	应交税费	应交增值税（进项）	√					9	1	0	0	0	0
合计			√			¥	7	9	1	0	0	0	0

附单据3张

财务主管　　记账 赵菲燕　　出纳　　审核 解亚楠　　制单 李蕾

凭证 61－2

北京增值税专用发票

国税函〔2019〕1006 号北京印钞厂

1100164170　　　　北京　发票联　　　　№ 03185677

校验码 42230442985668235621２　　　　开票日期 2019 年 12 月 19 日

购买方	名　　称：北京东方制衣有限公司 纳税人识别号：11010562571729X 地 址、电 话：北京市朝阳区常营 3 号 010-84531288 开户行及账号：工行朝阳支行常营分理处 0200012341234561234	密码区	9+5 < 95/0+95 > 380265321456911307760930 23+3+- < 01 < 3-95*12-824556976049704704 1 > < 85962- < -289890 < -947900041795631 - > 503 > > *+50*96285 > 7004679646710136

货物或应税劳务、服务名称	规格型号	单位	数量	单价	金额	税率	税额
衣架		个	20 000	3.50	70,000.00	13%	9,100.00
合　　计					¥70,000.00		¥9,100.00
价税合计（大写）	⊗ 柒万玖仟壹佰元整				（小写）¥79,100.00		

销售方	名　　称：北京宏远塑料有限公司 纳税人识别号：110105212333211 地 址、电 话：北京市丰台区方庄路 31 号 010-85325610 开户行及账号：工行丰台支行方庄分理处 0200025674424124567	备注	北京宏远塑料有限公司 税号：110105212333211 发票专用章

收款人：　　　复核：　　　开票人：张佳佳　　　销售方：（章）

第三联 发票联 购买方记账凭证

凭证 61－3

收料单

供货单位名称　北京宏远塑料有限公司　　　　凭证编号：08

订货合同编号：　　　　材料类别：

发票编号：02255335　　　2019 年 12 月 19 日　　　收料仓库：

材料编号	材料名称	材料规格	计量单位	数量		实际成本					备注
				应收	实收	买价	运杂费	其他	合计	单位成本	
	衣架		个	20 000	20 000	70 000			70 000		

收料人：赵伟　　　　经手人：李小华

凭证 61-4

中国工商银行转账支票存根

支票号码　0285216

科　　目　银行存款

对方科目　周转材料

签发日期 2019 年 12 月 19 日

收款人:	北京宏远塑料有限公司
金　额:	79 100 元
用　途:	购买材料款

单位主管　　会计

复核　　记账

凭证 62-1

付　款　凭　证

贷方

科目　银行存款　　2019 年 12 月 19 日　　银付字第 31 号

摘　要	借方科目	明细科目	记账符号	千	百	十	万	千	百	十	元	角	分
购入材料	原材料	耗材(缝纫针)	√				2	8	0	0	0	0	0
合　计			√			¥	2	8	0	0	0	0	0

附单据 3 张

财务主管　　记账 赵菲燕　　出纳　　审核 解亚楠　　制单 李蕾

凭证 62-2

北京增值税专用发票

1100164170 发票联 № 01731898

校验码 398604429856682356232 开票日期 2019 年 12 月 19 日

购买方	名　　称：北京东方制衣有限公司 纳税人识别号：11010562571729X 地 址、电 话：北京市朝阳区常营 3 号 010-84531288 开户行及账号：工行朝阳支行常营分理处 0200012341234561234	密码区	9+5 < 95/0+95 > 380265321456911307760930 23+3+- < 01 < 3-95*12-824556976049704795 1 > < 85962- < -289890 < -947900041795631 - > 503 > > *+50*96285 > 7004679646710136

货物或应税劳务、服务名称	规格型号	单位	数量	单价	金额	税率	税额
缝纫针					27,184.46	3%	815.54
合　计					¥27,184.46		¥815.54
价税合计（大写）	⊗ 贰万捌仟元整				（小写）¥28,000.00		

销售方	名　　称：北京天昊化工商店 纳税人识别号：110105362688732 地 址、电 话：北京市丰台区方庄路 17 号 010-85327863 开户行及账号：工行丰台支行方庄分理处 0200025674424124568	备注	北京天昊化工商店 税号：110105362688732 发票专用章

收款人：　　复核：　　开票人：王小明　　销售方：（章）

国税函（2019）1006 号北京印钞厂

第三联 发票联 购买方记账凭证

凭证 62-3

收料单

供货单位名称 北京天昊化工商店　　凭证编号：09

订货合同编号：　　材料类别：

发票编号：15090453　　2019 年 12 月 19 日　　收料仓库：

材料编号	材料名称	材料规格	计量单位	数量		实际成本					备注
				应收	实收	买价	运杂费	其他	合计	单位成本	
	缝纫针		袋	2 000	2 000	28 000			28 000		

收料人：赵伟　　经手人：李小华

凭证 62-4

中国工商银行转账支票存根

支票号码　　0285217

科　　目　银行存款

对方科目　原材料

签发日期　2019年 12月 19日

收款人：	北京天昊化工商店
金　额：	28 000 元
用　途：	购买材料款

单位主管　　会计

复核　　记账

凭证 63-1

付　款　凭　证

贷方

科目　银行存款　　　　2019年 12月 20日　　　　银付字第 32 号

摘　要	借方科目	明细科目	记账符号	千	百	十	万	千	百	十	元	角	分
购入消防用品	制造费用	一车间	✓					4	8	8	0	0	0
		二车间	✓					4	8	8	0	0	0
	辅助生产成本	机修车队	✓					2	8	0	0	0	0
		运输车队	✓					2	8	0	0	0	0
	销售费用		✓					2	8	0	0	0	0
	管理费用	其他	✓					4	6	4	0	0	0
合　计			✓			¥	2	2	8	0	0	0	0

附单据 3 张

财务主管　　记账　赵菲燕　　出纳　　审核　解亚楠　　制单　李蕾

凭证63-2

消防器材发放表

2019年12月20日

领用单位	品名			金额（元）	经手人签字
	干粉灭火器	胶皮管	水桶		
一车间	24×60=1 440	400×8=3 200	20×12=240	4 880	张彤
二车间	24×60=1 440	400×8=3 200	20×12=240	4 880	王晓惠
机修车间	16×60=960	200×8=1 600	20×12=240	2 800	李英年
运输车队	16×60=960	200×8=1 600	20×12=240	2 800	赵志刚
销售部门	16×60=960	200×8=1 600	20×12=240	2 800	刘琼
管理部门	20×60=1 200	400×8=3 200	20×12=240	4 640	马旺
合计	6 960	14 400	1 440	22 800	

凭证63-3

北京增值税专用发票

1100164170　　　　发票联　　　　№ 01273186

校验码 963304429856682356212　　　　开票日期 2019 年 12 月 20 日

国税函（2019）1006 号北京印钞厂

购买方	名　　称：北京东方制衣有限公司 纳税人识别号：11010562571729X 地 址、电 话：北京市朝阳区常营 3 号 010-84531288 开户行及账号：工行朝阳支行常营分理处 0200012341234561234	密码区	9+5 < 95/0+95 > 380265321456911307760930 23+3+- < 01 < 3-95*12-824556976049704795 1 > < 85962- < -289890 < -947900041795631 - > 503 > > *+50*96285 > 7004679646710136

货物或应税劳务、服务名称	规格型号	单位	数量	单价	金额	税率	税额
消防器材					22,135.92	3%	664.08
合　　计					¥22,135.92		¥664.08
价税合计（大写）	⊗ 贰万贰仟捌佰元整				（小写）¥22,800.00		

销售方	名　　称：北京宏昌消防器材商店 纳税人识别号：110105892970325 地 址、电 话：北京市朝阳区安定路 61 号 010-67531561 开户行及账号：工行朝阳支行亚运村分理处0200025674468167544	备注	北京宏昌消防器材商店 税号：110105892970325 发票专用章

收款人：　　复核：　　开票人：张乐天　　销售方：（章）

第三联 发票联 购买方记账凭证

凭证 63-4

中国工商银行转账支票存根

支票号码　0285218

科　目　银行存款

对方科目　制造费用等

签发日期 2019 年 12 月 20 日

收款人：	北京宏昌消防器材商店
金　额：	228 000 元
用　途：	购买消防器材

单位主管　　会计

复核　　记账

凭证 64-1

北京增值税专用发票

（监制章：全国统一发票监制章 北京 国家税务局监制）

1100071140　　№ 01973131

此联不作报销、扣税凭证使用　　开票日期 2019 年 12 月 20 日

国税函(2019)1006 号北京印钞厂

购买方	名称：北京惠新商贸公司 纳税人识别号：11010242521258X 地址、电话：北京市西城区百万庄路 2 号 010-66115432 开户行及账号：工行百万庄分理处 0200021227345186543				密码区	9+5 < 95/0+95 > 3802654745691130776088362 23+3+- < 01 < 3-95*12-8244569760497047956 1 > < 85962- < -289890 < -7900041795631458 - > 503 > > *+50*96852 > 70700467964671013	
货物或应税劳务、服务名称	规格型号	单位	数量	单价	金额	税率	税额
男式夹克		件	200	300.00	60,000.00	13%	7,800.00
合　计					¥60，000.00		¥7,800.00
价税合计（大写）	⊗ 陆万柒仟捌佰元整				（小写）	¥67,800.00	
销售方	名称：北京东方制衣有限公司 纳税人识别号：11010562571729X 地址、电话：北京市朝阳区常营 3 号 010-84531288 开户行及账号：工行朝阳支行常营分理处 0200012341234561234				备注		

收款人：　　复核：　　开票人：刘　楠　　销售方：（章）

第一联　记账联　销售方记账凭证

凭证 65－1

收 款 凭 证

借方
科目 库存现金　　　　2019 年 12 月 20 日　　　　现收字第 01 号

摘要	贷方科目	明细科目	记账符号	千	百	十	万	千	百	十	元	角	分
收回预借差旅费	其他应收款	赵威	✓						1	5	7	6	8
合计			✓					¥	1	5	7	6	8

附单据 1 张

财务主管　　记账 赵菲燕　　出纳　　审核 解亚楠　　制单 李蕾

凭证 65－2

此收据不作为经营性业务收支结算凭证用

收据

第二联　记账

2019 年 12 月 20 日　　　　字 4011296

今收到 赵威

交来 出差多余款

人民币（大写）壹佰伍拾柒元陆角捌分

¥157.68

现金收讫

收款单位公章

收款人 李蕾　　交款人 赵威

凭证 66－1

转 账 凭 证

2019年 12 月 20 日　　　　转字 11 号

摘要	总账科目	明细科目	√	借方金额										√	贷方金额									
				千	百	十	万	千	百	十	元	角	分		千	百	十	万	千	百	十	元	角	分
报销差旅费	管理费用	差旅费	√					3	6	4	0	0	0											
	应交税费	增值税(进项)	√						2	0	2	3	2											
	其他应收款	赵威	√																3	8	4	2	3	2
合　计							¥	3	8	4	2	3	2					¥	3	8	4	2	3	2

附单据 4 张

财务主管　　记账 赵菲燕　　审核 解亚楠　　制单 郑梅

凭证 66－2

差旅费报销单

单位：宣传部　　　　2019年12月20日

出发地				到达地				公出补助			车船	卧铺	住宿费	其他	合计金额
月	日	时	地点	月	日	时	地点	天数	标准	金额					
12	8		北京	12	8		秦皇岛					134	3 372		3 506
12	19		秦皇岛	12	19		北京					134			134
合　计															3 640
合计人民币（大写）叁仟陆佰肆拾元整															
备　注															

单位领导：王文学　　财务主管：解亚楠　　公出人姓名：赵威　　审核人：李蕾

凭证 66-3

河北增值税专用发票

1100164170　　　　**发票联**　　　　№ 21718756

校验码 62230442985668235621 2　　　　开票日期 2019 年 12 月 19 日

购买方	名　　　称：北京东方制衣有限公司 纳税人识别号：11010562571729X 地 址、电 话：北京市朝阳区常营 3 号 010-84531288 开户行及账号：工行朝阳支行常营分理处 0200012341234561234	密码区	9+5 < 95/0+95 > 38026532169113077609306 7 23+3+- < 01 < 3-95*12-824556976049704795 1 > < 85962- < -289890 < -947900041795631 - > 503 > > *+50*96285 > 7004679646710136

货物或应税劳务、服务名称	规格型号	单位	数量	单价	金额	税率	税额
住宿费					3,372.00	6%	202.32
合　　计					¥3,372.00		¥202.32
价税合计（大写）	⊗ 叁仟伍佰柒拾肆元叁角贰分				（小写）¥3,574.32		

销售方	名　　　称：金宇华大酒店 纳税人识别号：110105892970325 地 址、电 话：河北省秦皇岛市北京 3 号 010-31291609 开户行及账号：工行秦皇岛支行火车站分理处 0999256744241123496	备注	金宇华大酒店 税号：110105892970325 发票专用章

收款人：　　　　复核：　　　　开票人：罗宏　　　　销售方：（章）

国税函（2019）1006 号北京印钞厂

第三联 发票联 购买方记账凭证

凭证 66-4

8814J8925
北 京 站　T509次　秦皇岛 站
2019年12月08日 07:30开　　05车09号
¥134.0元　网　新空调特快硬座
限乘当日当次车
11010119600711ABCD 赵威
买票请到12306 发货请到95306
中国铁路祝您旅途愉快
79646459882496 14J8925 北京站售

凭证 66－5

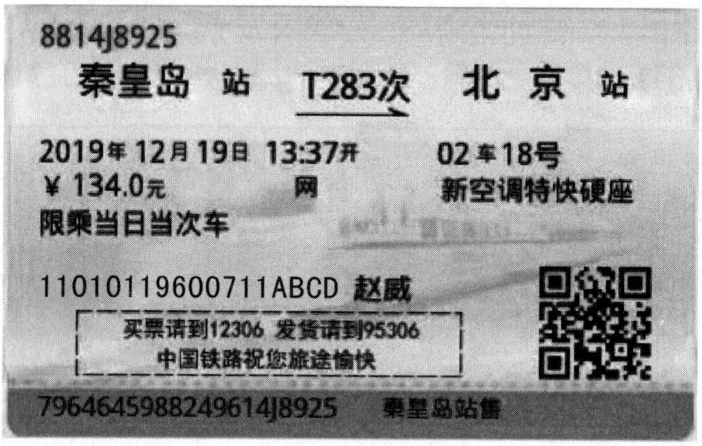
8814J8925
秦皇岛 站 T283次 北 京 站
2019年12月19日 13:37开 02车18号
¥134.0元 网 新空调特快硬座
限乘当日当次车
11010119600711ABCD 赵威
买票请到12306 发货请到95306
中国铁路祝您旅途愉快
7964645988249614J8925 秦皇岛站售

凭证 67－1

付 款 凭 证

贷方
科目 库存现金　　　　2019 年 12 月 21 日　　　　现付字第 08 号

摘　　要	借方科目	明细科目	记账符号	千	百	十	万	千	百	十	元	角	分
报销汽油费等	辅助生产成本	运输车队	√					8	9	0	0	0	0
合　　计			√				¥	8	9	0	0	0	0

附单据 1 张

财务主管　　记账 赵菲燕　　出纳　　审核 解亚楠　　制单 李蕾

凭证 67－2

费用报销审批单

部门：运输车队　　　　　　2019 年 12 月 21 日

经手人	陈颖	事由	报销费用	
项目		金额	支付方式	备注
汽油费		7 000.00		
过路费		1 900.00		
合计		8 900.00		
公司领导审批意见	财务主管	部门领导	出纳	经手人
王文学	解亚楠		李蕾	王虎

附单据（略）张

凭证 68－1

转　账　凭　证

2019年 12 月 21 日　　　　转字第 12 号

摘要	总账科目	明细科目	✓	借方金额 千	百	十	万	千	百	十	元	角	分	✓	贷方金额 千	百	十	万	千	百	十	元	角	分
低值易耗品摊销	辅助生产成本	机修车间	✓					2	1	0	0	0	0											
	周转材料	低值易耗品（工具）												✓					2	1	0	0	0	0
合计							¥	2	1	0	0	0	0					¥	2	1	0	0	0	0

附单据 1 张

财务主管　　　　记账 赵菲燕　　审核 解亚楠　　制单 郑梅

凭证 68-2

专用工具领用单

部门：机修车间　　　　2019 年 12月 21 日　　　　第 1号

名称	单位	数量	单价	金额 十	万	千	百	十	元	角	分	用途或原因
专用工具						2	1	0	0	0	0	维修用
合计					￥	2	1	0	0	0	0	

保管员：赵伟　　　　经手人：李英年

凭证 69-1

付　款　凭　证

贷方

科目 库存现金　　　　2019 年 12 月 21 日　　　　现付 字第 09 号

摘要	借方科目	明细科目	记账符号	金额 千	百	十	万	千	百	十	元	角	分
支付职工福利	应付职工薪酬	职工福利	✓					4	3	0	0	0	0
合计			✓				￥	4	3	0	0	0	0

附单据 1 张

财务主管　　记账 赵菲燕　　出纳　　审核 解亚楠　　制单 李蕾

凭证 69-2

支出凭单

2019 年 12 月 21 日

即　　付 职工张瑞丧葬费1 800元、抚恤金2 500元

（现金支付）　　款

对方科目编号

现金付讫

计人民币：肆仟叁佰元整　　　　¥4 300.00

领 款 人：张小华

会计主管人员	解亚楠	出纳员	付讫 李蕾

凭证 70-1

付 款 凭 证

贷方科目 银行存款　　　　2019 年 12 月 21 日　　　　银付字第 33 号

摘要	借方科目	明细科目	记账符号	千	百	十	万	千	百	十	元	角	分
结算四季度利息	应付利息		√			1	2	1	5	0	0	0	0
	财务费用		√				6	2	7	7	5	0	0
合计			√		¥	1	8	4	2	7	5	0	0

附单据 1 张

财务主管　　记账 赵菲燕　　出纳　　审核 解亚楠　　制单 李蕾

凭证 70-2

中国工商银行计收利息清单 （支款通知）

2019 年 12 月 21 日

户名	北京东方制衣有限公司				账号	20001234567
计息起至时间	2019 年 9 月 21 日——2019 年 12 月 20 日					
贷款种类	贷款账号	计息日贷款余额	计息积数	利率	计收利息金额	
		10000000.00	910000000.00	0.2025‰	184275.00	
利息金额 人民币（大写）	壹拾捌万肆仟贰佰柒拾伍元整			百 十 万 千 百 十 元 角 分 ¥ 1 8 4 2 7 5 0 0		转账日期：2019 年 12 月 21 日

中国工商银行股份有限公司 朝阳支行常营分理处 2019.12.21 对公结算业务处理章（1）（处理结果见我行回单）

单位主管：　　会计：　　复核：　　记账：

凭证 71-1

付款凭证

贷方科目 库存现金　　2019 年 12 月 22 日　　现付字第 10 号

摘要	借方科目	明细科目	记账符号	千	百	十	万	千	百	十	元	角	分
报销培训费	应付职工薪酬	职工教育经费	✓					1	7	0	0	0	0
合计			✓				¥	1	7	0	0	0	0

附单据 1 张

财务主管　　记账 赵菲燕　　出纳　　审核 解亚楠　　制单 李蕾

凭证 71-2

北京市行政事业性统一银钱收据

（印章：北京市财务局 票据专用章）

支票号：No.

今收到 王燕

交来 培训费

人民币（大写）壹仟柒佰元整 ￥1700.00

收款单位（盖章）（印章：北京××贸职业学院 财务专用章）

收款人（签章）杨小辉

2019 年 12 月 22 日

第二联 收据

凭证 72-1

付款凭证

贷方科目 银行存款　　2019 年 12 月 22 日　　银付字第 34 号

摘要	借方科目	明细科目	记账符号	千	百	十	万	千	百	十	元	角	分
提现	库存现金	职工教育经费	√					1	7	0	0	0	0
合计			√				￥	1	7	0	0	0	0

附单据 1 张

财务主管　　记账 赵菲燕　　出纳　　审核 解亚楠　　制单 李蕾

凭证 72-2

中国工商银行现金支票存根

支票号码　　0345655

科　　目　银行存款

对方科目　库存现金

签发日期 2019年 12月 22日

收款人：北京东方制衣有限公司
金　额：1 700元
用　途：提现备用

单位主管　　　　会计

复核　　　　　　记账

凭证 73-1

转　账　凭　证

2019 年12 月 22 日　　　　　　转字13号

摘要	总账科目	明细科目	✓	借方金额 千	百	十	万	千	百	十	元	角	分	✓	贷方金额 千	百	十	万	千	百	十	元	角	分
报销差旅费	管理费用	差旅费						3	2	4	0	0	0											
	应交税费	应交增值税(进)	✓						1	8	9	1	2											
	其他应收款	张洪庆												✓					3	1	8	9	1	2
	库存现金													✓						2	4	0	0	0
合　　计							¥	3	4	2	9	1	2					¥	3	4	2	9	1	2

附单据4张

财务主管　　　记账 赵菲燕　　审核 解亚楠　　制单 郑梅

凭证 73-2

差旅费报销单

单位：宣传部　　　　　　2019年12月22日

出发地				到达地				公出补助			车船	卧铺	住宿费	其他	合计金额
月	日	时	地点	月	日	时	地点	天数	标准	金额					
12	15		北京	12	15		天津	6			44		3 152		3 196
12	20		天津	12	20		北京				44				44
合计															3 240
合计人民币（大写）叁仟贰佰肆拾元整															
备注															

单位领导：王文学　财务主管：解亚楠　公出人姓名：张洪庆　审核人：李蕾

凭证 73-3

天津增值税专用发票

2200164170　　　　天津　发票联　　　　№ 30211417

校验码 188604429856682356709　　　　开票日期 2019 年 12 月 22 日

购买方	名　　称：北京东方制衣有限公司 纳税人识别号：11010562571729X 地 址、电 话：北京市朝阳区常营 3 号 010-84531288 开户行及账号：工行朝阳支行常营分理处 0200012341234561234	密码区	9+5 < 95/0+95 > 380265321745691130776093 23+3+- < 01 < 3-95*12-824556976049704795 1 > < 85962- < -289890 < -947900041795631 - > 503 > > *+50*96285 > 7004679646710136

货物或应税劳务、服务名称	规格型号	单位	数量	单价	金额	税率	税额
住宿费					3, 152. 00	6%	189. 12
合　　计					¥3, 152. 00		¥189. 12
价税合计（大写）	⊗ 叁仟叁佰肆拾壹元壹角贰分				（小写）¥3, 341. 12		

销售方	名　　称：天津福裕大酒店 纳税人识别号：220307263599968 地 址、电 话：天津市南开区大马寺路 51 号 022-26561561 开户行及账号：工行天津分行南开分理处 0299925674424189776	备注	天津福裕大酒店 税号：220307263599968 发票专用章

收款人：　　　复核：　　　开票人：王方　　　销售方：（章）

国税函〔2019〕1006 号北京印钞厂

第三联 发票联 购买方记账凭证

凭证 73-4

8814J8925
北京 站 T531次 天津 站
2019年12月15日 09:54开 03车08号
¥44.0元 网 新空调特快硬座
限乘当日当次车
11010119650713EFGH 张洪庆
买票请到12306 发货请到95306
中国铁路祝您旅途愉快
7964645988249614J8925 北京站售

凭证 73-5

8814J8925
天津西 站 T283次 北京西 站
2019年12月20日 09:53开 07车16号
¥44.0元 网 新空调特快硬座
限乘当日当次车
11010119650713EFGH 张洪庆
买票请到12306 发货请到95306
中国铁路祝您旅途愉快
7964645988249614J8925 天津西站售

凭证 74-1

收 款 凭 证

借方

科目 银行存款　　　　2019 年 12 月 22 日　　　　银收字第 09 号

摘要	贷方科目	明细科目	记账符号	千	百	十	万	千	百	十	元	角	分
收到货款	应付职工薪酬	工资	√			1	3	1	0	8	0	0	0
合　计			√		¥	1	3	1	0	8	0	0	0

附单据 2 张

财务主管　　记账 赵菲燕　　出纳　　审核 解亚楠　　制单 李蕾

凭证 74-2

中国工商银行 进账单（收账通知）

2019 年 12 月 22 日　　　　第 5 号

付款人	全　称	赤峰服装贸易公司	收款人	全　称	北京东方制衣有限公司
	账号或地址	03000200233468l2345		账号或地址	0200012341234561234
	开户银行	工行赤峰支行		开户银行	工行朝阳支行常营分理处

人民币（大写）：	千	百	十	万	千	百	十	元	角	分
壹拾叁万壹仟零捌拾元整		¥	1	3	1	0	8	0	0	0

票据种类	转账支票
票据张数	1 张
单位主管　会计　复核　记账	

中国工商银行股份有限公司
朝阳支行常营分理处
2019.12.22
对公结算业务处理戳（1）

（处理结果）收款人开户银行盖章

此联是收款人开户银行给收款人的收账通知

凭证 74-3

北京增值税专用发票

1100007114 0 北京 № 01973132

此联不作报销、扣税凭证使用 开票日期 2019 年 12 月 22 日

国税函(2019)1006 号北京印钞厂

购买方	名 称：赤峰服装贸易有限公司 纳税人识别号：160123780128512 地 址、电 话：内蒙古赤峰开发区光明大街 0488-51986872 开户行及账号：工行光明大街分理处 0300020023346812345				密码区	9+5 < 96/0+96 > 380265474745691130776093 0 23+3+- < 01 < 3-95*12-8245569760497047956 1 > < 85962- < -289890 < -9479000417956314 - > 503 > > *+50*96852 > 7004679646710136 7		
货物或应税劳务、服务名称	规格型号	单位	数量	单价	金额	税率	税额	
男式休闲西服		件	200	580.00	116,000.00	13%	15,080.00	
合 计					¥116,000.00		¥15,080.00	
价税合计（大写）	⊗ 壹拾叁万壹仟零捌拾元整				（小写） ¥131,080.00			
销售方	名 称：北京东方制衣有限公司 纳税人识别号：11010562571729X 地 址、电 话：北京市朝阳区常营 3 号 010-84531 开户行及账号：工行朝阳支行常营分理处 0200012341234561234				备注			

第一联 记账联 销售方记账凭证

收款人： 复核： 开票人：刘 楠 销售方：（章）

凭证 75-1

付 款 凭 证

贷方

科目 银行存款 2019 年 12 月 22 日 银付字第 35 号

摘 要	借方科目	明细科目	记账符号	千	百	十	万	千	百	十	元	角	分
支付工资	应付职工薪酬	工资	√			1	3	1	0	8	0	0	0
合 计			√		¥	1	3	1	0	8	0	0	0

附单据 张

财务主管 记账 赵菲燕 出纳 审核 解亚楠 制单 李蕾

凭证 76－1

转 账 凭 证

2019 年 12 月 23 日　　　　转字第 14 号

摘　要	总账科目	明细科目	✓	借方金额（千百十万千百十元角分）	✓	贷方金额（千百十万千百十元角分）
销售货物	应收账款	赤峰服装贸易有限公司	✓	153680000		
	主营业务收入				✓	136000000
	应交税费	应交增值税（销项）			✓	17680000
合　计				¥153680000		¥153680000

附单据 2 张

财务主管　　记账 赵菲燕　　审核 解亚楠　　制单 郑梅

凭证 76－2

北京增值税专用发票

（全国统一发票监制章　北京　国家税务局监制）

1100071140　　　　№ 01973133

此联不作报销、扣税凭证使用　　　　开票日期　2019 年 12 月 23 日

购买方	名　　称：赤峰服装贸易有限公司 纳税人识别号：160123780128512 地 址、电 话：内蒙古赤峰开发区光明大街　0488-51986872 开户行及账号：工行光明大街分理处 0300020023346812345	密码区	9+5 < 95/0+95 > 3802654745691130776093067 23+3+- < 01 < 3-95*12-8245569760497047956 1 > < 85962- < -289890 < -9479000417956314 - > 503 > > *+50*96852 > 70046796467101367

货物或应税劳务、服务名称	规格型号	单位	数量	单价	金　额	税率	税额
男式西服套装		套	1000	780.00	780,000.00	13%	101,400.00
男式休闲西服		件	1000	580.00	580,000.00	13%	75,400.00
合　　计					¥1,360,000.00		¥176,800.00
价税合计（大写）	⊗ 壹佰伍拾叁万陆仟捌佰元整				（小写）¥1,536,800.00		

销售方	名　　称：北京东方制衣有限公司 纳税人识别号：11010562571729X 地 址、电 话：北京市朝阳区常营 3 号 010-84531288 开户行及账号：工行朝阳支行常营分理处 0200012341234561234	备注	

收款人：　　复核：　　开票人：刘　楠　　销售方：（章）

国税函(2019)1006 号北京印钞厂

第一联　记账联　销售方记账凭证

凭证 76-3

产品出库单

购货单位：赤峰服装贸易公司　　2019 年 12 月 23 日　　凭证编号：06

用途	产品名称	产品规格	计量单位	数量	成本		备注
					单位成本	金额	
销售	男式休闲西服		件	1 000			
	男式西服套装		套	1 000			

主管：　　会计：赵菲燕　　保管员：刘英　　经手人：

凭证 77-1

付　款　凭　证

贷方
科目 银行存款　　2019 年 12 月 23 日　　银付字第 36 号

摘　要	借方科目	明细科目	记账符号	千	百	十	万	千	百	十	元	角	分
支付设备租金	辅助生产成本	机修动力车间	✓					3	0	0	0	0	0
	应交税费	增值税(进项)							3	9	0	0	0
合　计			✓				¥	3	3	9	0	0	0

附单据 2 张

财务主管　　记账 赵菲燕　　出纳　　审核 解亚楠　　制单 李蕾

凭证 77-2

北京增值税专用发票

1100164170　　　　发票联　　　　№ 07568137

校验码 12260842985668235621２　　　　开票日期 2019 年 12 月 23 日

购买方	名　　称：北京东方制衣有限公司 纳税人识别号：11010562571729X 地 址、电 话：北京市朝阳区常营 3 号 010-84531288 开户行及账号：工行朝阳支行常营分理处 0200012341234561234				密码区	9+5 < 95/0+95 > 380265321569113077609306 23+3+- < 01 < 3-95*12-824556976049704795 1 > < 85962- < -289890 < -947900041795631 - > 503 > > *+50*96285 > 7004679646710136	
货物或应税劳务、服务名称	规格型号	单位	数量	单价	金额	税率	税额
设备租金					3,000.00	13%	390.00
合　　计					¥3,000.00		¥390.00
价税合计（大写）	⊗ 叁仟叁佰玖拾元整				（小写）¥3,390.00		
销售方	名　　称：北京市设备租赁公司 纳税人识别号：110105692863779 地 址、电 话：北京市海淀区学院路 108 号 010-62132501 开户行及账号：工行海淀支行学院路分理处 0200098770098567124				备注		

收款人：　　复核：　　开票人：李芳　　销售方：（章）

国税函（2019）1006 号北京印钞厂

第三联　发票联　购买方记账凭证

北京市设备租赁公司　税号：110105692863779　发票专用章

凭证 77-3

中国工商银行转账支票存根

支票号码	0285219
科　目	银行存款
对方科日	辅助生产成本
签发日期	2019 年 12 月 23 日
收款人：	北京市设备租赁公司
金　额：	3390元
用　途：	支付租赁费

单位主管　　会计

复核　　记账

凭证 78-1

付 款 凭 证

贷方

科目 银行存款　　　　2019 年 12 月 24 日　　　　银付字第 37 号

摘要	借方科目	明细科目	记账符号	千	百	十	万	千	百	十	元	角	分
汽车维修	管理费用	其他	√					4	2	0	0	0	0
合　计			√				¥	4	2	0	0	0	0

附单据 2 张

财务主管　　记账 赵菲燕　　出纳　　审核 解亚楠　　制单 李蕾

凭证 78-2

中国工商银行转账支票存根

支票号码　0285220

科　　目 银行存款

对方科目 管理费用

签发日期 2019年 12 月 24 日

收款人：	北京胜达汽车修理厂
金　额：	4 200 元
用　途：	汽车修理费

单位主管　　会计

复核　　记账

凭证 78-3

北京增值税专用发票

北京 发票联

1100164170　　　　№ 71568129

校验码 622608429656682356297　　　　开票日期 2019 年 12 月 24 日

购买方	名　　称：北京东方制衣有限公司 纳税人识别号：11010562571729X 地 址、电 话：北京市朝阳区常营 3 号 010-84531288 开户行及账号：工行朝阳支行常营分理处 0200012341234561234	密码区	9+5 < 95/0+95 > 380265321911307760930675 23+3+- < 01 < 3-95*12-824556976049704795 1 > < 85962- < -289890 < -947900041795631 - > 503 > > *+50*96285 > 7004679646710136

货物或应税劳务、服务名称	规格型号	单位	数量	单价	金额	税率	税额
汽车租赁费					4,077.67	3%	122.33
合　计					¥4,077.67		¥122.33
价税合计（大写）	⊗ 肆仟贰佰元整				（小写）¥4,200.00		

销售方	名　　称：北京胜达汽车修理厂 纳税人识别号：110104283600375 地 址、电 话：北京市朝阳区北辰路 86 号 010-84376555 开户行及账号：工行朝阳支行北辰分理处 0200025674424765433	备注	北京胜达汽车修理厂 税号：110104283600375 发票专用章

收款人：　　复核：　　开票人：李明芳　　销售方：（章）

第三联 发票联 购买方记账凭证

国税函（2019）1006 号北京印钞厂

凭证 79-1

付 款 凭 证

贷方科目 银行存款　　2019 年 12 月 24 日　　银付字第 38 号

摘要	借方科目	明细科目	记账符号	千	百	十	万	千	百	十	元	角	分
机修车间支付费用	辅助生产成本	机修动力车间	✓					1	8	0	0	0	0
合　计			✓				¥	1	8	0	0	0	0

附单据 2 张

财务主管　　记账 赵菲燕　　出纳　　审核 解亚楠　　制单 李蕾

凭证 79-2

北京市行政事业性统一银钱收据

（印章：北京市财政局 票据专用章）

支票号：No. 0285220

今收到	北京东方制衣有限公司
交来	年检测试费
人民币（大写）	壹仟捌佰元整　　　¥1 800.00
收款单位（盖章）	收款人（签章）杨小辉　　2019 年 12 月 24 日

（印章：朝阳区质量技术监督局 财务专用章）

第二联 收据

凭证 79-3

中国工商银行转账支票存根

支票号码　0285221

科　目　银行存款

对方科目　辅助生产成本

签发日期　2019 年 12 月 24 日

收款人：	朝阳区质量技术监督局
金　额：	1 800 元
用　途：	检测费

单位主管　　会计

复核　　记账

凭证 80-1

领料单

凭证编号：15
领料单位：一车间　　　　　　　　　　　　　　　　　　材料类别：
用　　途：生产　　　　2019 年 12 月 24 日　　　　　材料仓库：

材料编号	材料名称	材料规格	计量单位	数量		成本		备注
				请领	实领	单位成本	金额	
	缝纫机油		瓶		40			

领料单位负责人：　　　　领料人：王强　　发料人：赵伟　　记账：郑梅

凭证 80-2

领料单

凭证编号：16
领料单位：二车间　　　　　　　　　　　　　　　　　　材料类别：
用　　途：生产　　　　2019 年 12 月 24 日　　　　　材料仓库：

材料编号	材料名称	材料规格	计量单位	数量		成本		备注
				请领	实领	单位成本	金额	
	缝纫机油		瓶		40			

领料单位负责人：　　　　领料人：王小悦　　发料人：赵伟　　记账：郑梅

凭证 80-3

领料单

凭证编号：17
领料单位：机修车间　　　　　　　　　　　　　　　　　材料类别：
用　　途：修理　　　　2019 年 12 月 24 日　　　　　材料仓库：

材料编号	材料名称	材料规格	计量单位	数量		成本		备注
				请领	实领	单位成本	金额	
101#	修理备件		个		20			
103#	修理备件		个		40			

领料单位负责人：　　　　领料人：张华　　发料人：赵伟　　记账：郑梅

凭证 81-1

付　款　凭　证

贷方

科目　银行存款　　　　2019 年 12 月 25 日　　　　银付字第 39 号

摘要	借方科目	明细科目	记账符号	千	百	十	万	千	百	十	元	角	分
捐赠支出	营业外支出		√			2	0	0	0	0	0	0	0
合计			√		¥	2	0	0	0	0	0	0	0

附单据 2 张

财务主管　　记账 赵菲燕　　出纳　　审核 解亚楠　　制单 李蕾

凭证 81-2

北京市行政事业性统一银钱收据

（北京市财政局 票据专用章）

支票号：No. 1522546

今收到　北京东方制衣有限公司

交　来　捐赠款

人民币（大写）　贰拾万元整　　　　¥200 000.00

收款单位（盖章）（中国青少年发展基金会 财务专用章）　　收款人（签章）王华　　2019 年 1 月 25 日

第二联 收据

凭证 81-3

中国工商银行转账支票存根

支票号码　　0285222

科　　目　银行存款

对方科目　营业外支出

签发日期　2019 年 12 月 25 日

收款人:	中国青少年发展基金会
金　额:	200 000 元
用　途:	捐赠款

单位主管　　　会计

复核　　　　　记账

凭证 82-1

付　款　凭　证

贷方

科目　银行存款　　　　2019 年 12 月 25 日　　　　银付字第 40 号

摘　要	借方科目	明细科目	记账符号	金额 千	百	十	万	千	百	十	元	角	分
购入平缝机	固定资产	机械设备(平缝机)	√				7	0	2	0	0	0	0
合　计			√			￥	7	0	2	0	0	0	0

附单据 2 张

财务主管　　记账 赵菲燕　　出纳　　审核 解亚楠　　制单 李蕾

凭证 82-2

固定资产验收交接单

№：0312

2019 年12月 25 日　　　　金额单位：元

资产编号	资产名称	型号规格或结构面积	计量单位	数量	设备价值或工程造价	设备基础或安装费用	附加费用	合计
1222	平缝机	PQ1500	台	4	17 550元/台			70 200.00
资产来源		上海宏远电机有限公司	耐用年限		5	主要附属设备		
制造厂名		日本兄弟公司	估计残值		1000元			
制造日期、编号		2016年6月	基本折旧率					
工程项目或使用部门		一、二车间	复杂系数					

交验部门主管：王丰　点交人：李刚　接验部门主管：赵小华　接管人：曹建国

凭证 82-3

中国工商银行电汇凭证（回单）　1

委托日期　2019年 12月25 日　　　　第 401323 号

汇款人	全　称	北京东方制衣有限公司		收款人	全　称	宏远机电有限公司	
	账　号或住址	0200012341234561234			账　号或住址	1001164829013323574	
	汇　出地　点	省北京市	汇出行名　称：工行朝阳支行		汇　入地　点	省上海市	汇出行名　称：工行上海分行金茂大厦支行
金额	人民币（大写）	柒万零贰佰元整				千百十万千百十元角分	¥ 7 0 2 0 0 0 0
汇款用途：购进平缝机							
上列款项已根据委托办理，如需查询，请持此回单来行面洽				（汇出行盖章）			
单位主管　　会计　　复核　　记账							

中国工商银行股份有限公司
朝阳支行常营分理处
2019.12.25
对公结算业务处理戳（1）
（处理结果见我行回单）

此联是汇出行给汇款人的回单

凭证 83-1

转 账 凭 证

2019年 12 月 26 日　　　　转字第 15 号

摘要	总账科目	明细科目	✓	借方金额										✓	贷方金额									
				千	百	十	万	千	百	十	元	角	分		千	百	十	万	千	百	十	元	角	分
购买股票	交易性金融资产	成本	✓			1	2	5	0	0	0	0	0											
	投资收益		✓						5	6	2	5	0											
	其他货币资金	存出投资款												✓			1	2	5	5	6	2	5	0
合计					¥	1	2	5	5	6	2	5	0			¥	1	2	5	5	6	2	5	0

附单据 1 张

财务主管　　记账 赵菲燕　　审核 解亚楠　　制单 郑梅

凭证 83-2

股票成交过户交割凭单

上海证券交易成交报告单　　席位：×××××　打印柜员：627

成交日期：2019.10.25

【股息入账】

成交编号：0	申请编号：0
证券账号：A123456789	股票代码：
资金账号：××××	成交数量：20 000
证券初额：0.00	成交价格：6.25
申报时间：00:00:00	成交金额：125 000
成交时间：00:00:00	佣　　金：187.50
上次余额：0.00	印 花 税：375
实际收付：125,562.50	过 户 费：0.00
资金余额：74,437.50	委 托 费：0.00
最新余额：74,437.50	备　　注：
股票余额：20 000.00	其他费用：0.00

如有异议，委托后三天内提出，逾期责任自负

凭证 84-1

付款凭证

贷方

科目 银行存款　　2019 年 12 月 26 日　　银付字第 41 号

摘要	借方科目	明细科目	记账符号	金额（千百十万千百十元角分）
购买材料	制造费用	一车间	✓	120000
		二车间		120000
合计			✓	¥240000

附单据 3 张

财务主管　记账 赵菲燕　出纳　审核 解亚楠　制单 李蕾

凭证 84-2

北京增值税专用发票

1100164170　　发票联　　№ 15681275

校验码 93360842965668235629７　　开票日期 2019 年 12 月 25 日

购买方	名称：北京东方制衣有限公司 纳税人识别号：11010562571729X 地址、电话：北京市朝阳区常营 3 号 010-84531288 开户行及账号：工行朝阳支行常营分理处 0200012341234561234	密码区	9+5 < 95/0+95 > 38026532191130776093067８ 23+3+- < 01 < 3-95*12-824556976049704795 1 > < 85962- < -289890 < -947900041795631 - > 503 > > *+50*96285 > 7004679646710136

货物或应税劳务、服务名称	规格型号	单位	数量	单价	金额	税率	税额
样板纸					2,330.09	3%	69.91
合计					¥2,330.09		¥69.91
价税合计（大写）	⊗贰仟肆佰元整				（小写）¥2,400.00		

销售方	名称：北京和合纸业有限公司 纳税人识别号：110103272900119 地址、电话：北京市顺义区宜宾路 68 号 010-81487403 开户行及账号：工行顺义支行宜宾分理处 0200025674486765431	备注	北京和合纸业有限公司 税号：110103272900119 发票专用章

收款人：　复核：　开票人：李红梅　销售方：（章）

国税函（2019）1006 号北京印钞厂

第三联 发票联 购买方记账凭证

凭证 84-3

消耗材料发放表

2019 年 12 月 26 日

领用单位	品　名	领用数量	金额（元）	经手人签字
一车间	样板纸		1 200	张彤
二车间	样板纸		1 200	王晓惠
合计			2 400	

保管员：

凭证 84-4

中国工商银行转账支票存根

支票号码　　0285223

科　目　银行存款

对方科目　制造费用

签发日期 2019 年 12 月 25 日

收款人：	北京和合纸业有限公司
金　额：	2 400 元
用　途：	购样板纸

单位主管　　会计

复核　　记账

凭证 85-1

付 款 凭 证

贷方
科目 银行存款　　　　2019 年 12 月 26 日　　　　银付字第 42 号

摘　要	借方科目	明细科目	记账符号	千	百	十	万	千	百	十	元	角	分
购买材料	在途物资		√			1	0	2	0	0	0	0	0
	应交税费	应交增值税（进项）	√				1	3	0	0	0	0	0
合　计			√		¥	1	1	5	0	0	0	0	0

附单据 2 张

财务主管　　记账 赵菲燕　　出纳　　审核 解亚楠　　制单 李蕾

凭证 85-2

江苏增值税专用发票

8800164170　　　　发票联　　　　№ 15981275

校验码 93360842965668235629７　　　　开票日期 2019 年 12 月 26 日

全国统一发票监制章 江苏

购买方	名　　称：北京东方制衣有限公司 纳税人识别号：11010562571729X 地 址、电 话：北京市朝阳区常营 3 号 010-84531288 开户行及账号：工行朝阳支行常营分理处 0200012341234561234	密码区	9+5 < 95/0+95 > 38026532169113077609306７ 23+3+- < 01 < 3-95*12-824556976049704795 1 > < 85962- < -289890 < -947900041795631 - > 503 > > *+50*96285 > 7004679646710136

货物或应税劳务、服务名称	规格型号	单位	数量	单价	金额	税率	税额
美丽绸		米	10 000	10.00	100,000.00	13%	13,000.00
合　计					¥100,000.00		¥13,000.00
价税合计（大写）	⊗ 壹拾壹万叁仟元整				（小写）¥113,000.00		

销售方	名　　称：南通盛达色织有限公司 纳税人识别号：660606072618333 地 址、电 话：江苏省南通市北京路 5 号 0513-53271188 开户行及账号：工行南通支行北京路分理处 0200037614499864299	备注	南通盛达色织有限公司 税号：6606072618333 发票专用章

收款人：　　复核：　　开票人：李梅　　销售方：（章）

国税函〔2019〕1006 号北京印钞厂

第三联 发票联 购买方记账凭证

凭证 85-3

委电

委托收款结算凭证（付款通知）⑤

委托日期 2019 年 12 月 26 日 委托号码： 第 3213 号

收款单位	全称	盛达色织有限公司		付款单位	全称	北京东方制衣有限公司	
	账号	11118201293232 91456			账号或住址	0200012341234561234	
	开户银行	工行南通分行青年路支行	行号		汇出银行	中国工商银行北京分行朝阳支行常营分理处	
委收金额	人民币：（大写）壹拾壹万伍仟元整					千百十万千百十元角分	￥11500000
款项内容		委托收款凭据名称				附寄单证张数	
备注： 电划		款项收妥日期 年 月 日				（收款人开户行盖章） 月 日	

中国工商银行朝阳支行常营分理处 2019.12.26 结算专用章

单位主管 会计 复核 记账

此联是收款单位开户银行给收款单位的回单

凭证 86-1

付款凭证

贷方科目 库存现金 2019 年 12 月 27 日 现付字第 11 号

摘要	借方科目	明细科目	记账符号	金额
购买空白凭证	财务费用		✓	75.00
合计			✓	￥75.00

附单据 1 张

财务主管 记账 赵菲燕 出纳 审核 解亚楠 制单 李蕾

凭证 86－2

中国工商银行空白凭证收费单　（单位回单）①

2019 年 12 月 27 日　　　　总字第　　　号

付款单位全称	北京东方制衣有限公司	收款行	工行常营分理处
账号	0200012341234561234	收款科目	
开户行	工行朝阳支行常营分理处	收款账户	

凭证种类名称	数量	单位	单价	金额 十	万	千	百	十	元	角	分	领用凭证号码
现金支票	2	本	7.5					1	5	0	0	0285226—0285250
转账支票	4	本	7.5					3	0	0	0	0345701—0345750 中国工商银行股份有限公司 朝阳支行常营分理处 2019.12.27 对公结算业务处理戳（1） （处理结果见我行回单）
进账单	20	本	1.5					3	0	0	0	
合计							¥	7	5	0	0	
人民币（大写）柒拾伍元整												

凭证 87－1

委托代销商品出库单

代销单位：兴隆百货　　　2019 年 12月 27 日

名称	单位	数量	单价	金额 十	万	千	百	十	元	角	分	备注
男式西服套装	套	400										
男式休闲西服	件	800										
男式夹克	件	800										
女式风衣	件	800										
合计												

保管员：刘英　　　经手人：马东鸣

凭证 88-1

收款凭证

借方
科目 库存现金　　　　2019年 12 月 28 日　　　　现收字第 02 号

摘要	贷方科目	明细科目	记账符号	金额 千	百	十	万	千	百	十	元	角	分
收到违章用电款	营业外收入		√						3	0	0	0	0
合计			√					￥	3	0	0	0	0

附单据 1 张

财务主管　　记账 赵菲燕　　出纳　　审核 解亚楠　　制单 李蕾

凭证 88-2

此收据不作为经营性业务收支结算凭证用

收据

第二联　记账

2019 年 12 月 28 日　　　　字 4011296

今收到 林晓钊

交来 违章用电罚款

人民币（大写）叁佰元整

现金收讫

￥300.00

收款单位公章

收款人 李蕾　　交款人 林晓钊

凭证 89－1

转 账 凭 证

2019 年 12 月 28 日　　　　　　　　　　转字第 16 号

摘　要	总账科目	明细科目	√	借方金额 千	百	十	万	千	百	十	元	角	分	√	贷方金额 千	百	十	万	千	百	十	元	角	分
购入电脑	固定资产	启天M690N	√				1	7	0	6	6	6	7											
	应交税费	增值税(进项)	√					2	0	8	8	6	7											
	银行存款													√				1	8	1	5	5	3	4
	库存现金													√					1	0	0	0	0	0
合　计						¥	1	9	1	5	5	3	4				¥	1	9	1	5	5	3	4

附单据 2 张

财务主管　　记账 赵菲燕　　审核 解亚楠　　制单 郑梅

凭证 89－2

北京增值税专用发票

全国统一发票监制章 北京

1100164170　　**发票联**　　№ 31571251

校验码 91160842965668235629 7　　开票日期 2019 年 12 月 28 日

购买方	名　　称：北京东方制衣有限公司 纳税人识别号：11010562571729X 地 址、电 话：北京市朝阳区常营 3 号 010-84531288 开户行及账号：工行朝阳支行常营分理处 0200012341234561234	密码区	9+5 < 95/0+95 > 38026532169113077609306 7 23+3+- < 01 < 3-95*12-824556976049704795 1 > < 85962- < -289890 < -947900041795631 - > 503 > > *+50*96285 > 7004679646710136

货物或应税劳务、服务名称	规格型号	单位	数量	单价	金额	税率	税额
电脑					16,066.67	13%	2,088.67
合　　计					¥16,066.67		¥2,088.67
价税合计（大写）	⊗ 壹万捌仟壹佰伍拾伍元叁角肆分				（小写）¥18,155.34		

销售方	名　　称：北京光明商贸有限公司 纳税人识别号：110105632613721 地 址、电 话：北京市朝阳区花家地西里 9 号 010-64720411 开户行及账号：工行朝阳支行花家地分理处 0200025674424178944	备注	北京光明商贸有限公司 税号：110105632613721 发票专用章

收款人：　　复核：　　开票人：吴萍　　销售方：（章）

国税函〔2019〕1006 号北京印钞厂

第三联 发票联 购买方记账凭证

凭证 89-3

北京增值税专用发票

1100164170　　发票联　　№ 21553279

校验码 31160842963468235629７　　开票日期 2019 年 12 月 28 日

购买方	名　　称：北京东方制衣有限公司 纳税人识别号：11010562571729X 地 址、电 话：北京市朝阳区常营 3 号 010-84531288 开户行及账号：工行朝阳支行常营分理处 0200012341234561234	密码区	9+5 < 95/0+95 > 38026532145691130776093０ 23+3+- < 01 < 3-95*12-824556976049704795 1 > < 85962- < -289890 < -947900041795631 - > 503 > > *+50*96285 > 7004679646710136	

货物或应税劳务、服务名称	规格型号	单位	数量	单价	金额	税率	税额
演出费					943.39	6%	56.61
合　　计					¥943.39		¥56.61
价税合计（大写）	⊗ 壹仟元整				（小写）¥1,000.00		

销售方	名　　称：北京华宇娱乐中心 纳税人识别号：110106082899778 地 址、电 话：北京市丰台区方庄路 71 号 010-85237611 开户行及账号：工行丰台支行方庄分理处 0200025674424124891	备注	北京华宇娱乐中心 税号：110106082899778 发票专用章

收款人：　　复核：　　开票人：吴萍　　销售方：（章）

第三联 发票联 购买方记账凭证

国税函（2019）1006 号北京印钞厂

凭证 90-1

收　款　凭　证

借方

科目 银行存款　　2019 年 12 月 28 日　　银收字第 10 号

摘　要	贷方科目	明细科目	记账符号	千	百	十	万	千	百	十	元	角	分
销售服装	主营业务收入	男式西服套装	√			4	9	1	4	0	0	0	0
		男式休闲西服	√			6	3	6	8	4	0	0	0
		男式夹克	√			2	2	6	8	0	0	0	0
		女式风衣	√			2	2	5	0	0	0	0	0
	应交税费	应交增值税(销)	√			2	0	5	4	0	5	2	0
合　　计			√	¥	1	7	8	5	4	4	5	2	0

附单据 3 张

财务主管　　记账 赵菲燕　　出纳　　审核 解亚楠　　制单 李蕾

凭证 90-2

北京增值税专用发票

1100007114O 北京 № 01973134

国家税务局监制

此联不作报销、扣税凭证使用 开票日期 2019 年 12 月 28 日

国税函(2019)1006 号北京印钞厂

购买方	名　　称：赤峰服装贸易有限公司 纳税人识别号：160123780128512 地 址、电 话：内蒙古赤峰开发区光明大街 0488-51986872 开户行及账号：工行光明大街分理处 0300020023346812345	密码区	9+5 < 95/0+95 > 3802654745691130776093067 23+3+- < 01 < 3-95*12-8245569760497047956 1 > < 85962- < -289890 < -9479000417956314 - > 503 > >*+50*96852 > 70046796467101367

货物或应税劳务、服务名称	规格型号	单位	数量	单价	金额	税率	税额
男式西服套装		套	700	702.00	491,400.00	13%	63,882.00
男式休闲西服		件	1 220	522.00	636,840.00	13%	82,789.20
男式夹克		件	840	270.00	226,800.00	13%	29,484.00
女式风衣		件	1 000	225.00	225,000.00	13%	29,250.00
合　　计					¥1,580,040.00		¥205,405.20
价税合计（大写）	⊗ 壹佰柒拾捌万伍仟肆佰肆拾伍元贰角整（小写）¥1,785,445.20						

销售方	名　　称：北京东方制衣有限公司 纳税人识别号：11010562571729X 地 址、电 话：北京市朝阳区常营 3 号 010-84531288 开户行及账号：工行朝阳支行常营分理处 0200012341234561234	备注	

收款人：　　复核：　　开票人：刘 楠　　销售方：（章）

第一联 记账联 销售方记账凭证

凭证 90-3

产 品 出 库 单

购货单位：赤峰服装贸易有限公司 2019 年 12 月 28 日 凭证编号：7

用途	产品名称	产品规格	计量单位	数量	成本		备注
					单位成本	金额	
销售	男式休闲西服		件	1 220			
	男式西服套装		套	700			
	男式夹克		件	840			
	女士风衣		件	1 000			

主管：　　会计：赵菲燕　　保管员：刘英　　经手人：

凭证 90-4

中国工商银行现金存款单（回单）

2019年12月28日

交款人				
交款人	全称	北京东方制衣有限公司		
交款人	账号	0200012341234561234	款项来源	销货款
交款人	开户行	工行北京分行朝阳支行常营分理处	交款人	李雷

金额（大写）	仟	佰	十	万	仟	佰	十	元	角	分
壹佰柒拾捌万伍仟叁佰玖拾捌元肆角整		1	7	8	5	3	9	8	4	0

票面	张数	票面	张数	票面	张数
100元	###	50元	4	20元	2
10元		5元		2元	2
1元	2	1角	8		

中国工商银行股份有限公司
朝阳支行常营分理处
2019.12.28
对公结算业务处理戳（1）
（处理结果见我行回单）

经办：李燕　　复核：

凭证 91-1

转　账　凭　证

2019年12月29日　　　　转字第17号

摘要	总账科目	明细科目	√	借方金额	√	贷方金额
购进材料入库	原材料	主料(美丽绸)	√	9200000		
	待处理财产损溢		√	1000000		
	在途物资				√	10200000
合计				¥10200000		¥10200000

附单据1张

财务主管　　记账 赵菲燕　　审核 解亚楠　　制单 郑梅

凭证 91-2

收料单

供货单位名称：盛达色织有限公司　　凭证编号：10

订货合同编号：　　材料类别：

发票编号：02312234　　2019年12月29日　　收料仓库：

材料编号	材料名称	材料规格	计量单位	数量		实际成本					备注
				应收	实收	买价	运杂费	其他	合计	单位成本	
	美丽绸		米	10 000	9 000	90 000	2 000		92 000		

收料人：赵伟　　经手人：李小华

凭证 92-1

付款凭证

贷方科目　库存现金　　2019年12月29日　　现付字第12号

摘要	借方科目	明细科目	记账符号	金额 千	百	十	万	千	百	十	元	角	分
支付职工困难补助	应付职工薪酬	职工福利	√				1	0	0	0	0	0	0
合计			√			¥	1	0	0	0	0	0	0

附单据1张

财务主管　　记账 赵菲燕　　出纳　　审核 解亚楠　　制单 李蕾

凭证 92-2

支出凭单

2019 年 12 月 29 日

即　　付 职工生活困难补助

（现金支付）　　现金付讫

对方科目编号

计人民币：壹万元整　　¥10 000.00

领款人：王小华

会计主管人员	解亚楠	出纳员	付讫	李蕾

凭证 93-1

收款凭证

借方科目 银行存款　　2019 年 12 月 29 日　　银收字第 11 号

摘要	贷方科目	明细科目	记账符号	千	百	十	万	千	百	十	元	角	分
收回欠款	其他应收款	新新公司	√			2	0	0	0	0	0	0	0
合计			√		¥	2	0	0	0	0	0	0	0

附单据 1 张

财务主管　　记账 赵菲燕　　出纳　　审核 解亚楠　　制单 李蕾

凭证 93-2

中国工商银行 进账单（收账通知）

2019年 12 月29 日　　　　　　　　　　第06 号

付款人	全　　称	新新公司	收款人	全　　称	北京东方制衣有限公司
	账号或地址	024562121144582		账号或地址	0200012341234561234
	开户银行	工行朝阳支行营业部		开户银行	工行朝阳支行常营分理处

人民币（大写）：	千	百	十	万	千	百	十	元	角	分
贰拾万元整		¥	2	0	0	0	0	0	0	0

票据种类	转账支票	中国工商银行股份有限公司 朝阳支行常营分理处 2019.12.29 对公结算业务处理戳（1） （处理结果见收款人开户银行盖章）
票据张数	1张	
单位主管　会计　复核　记账		

此联是收款人开户银行给收款人的收账通知

凭证 94-1

收　款　凭　证

借方科目 库存现金　　　2019年 12 月 29 日　　　现收字第 03 号

摘　　要	贷方科目	明细科目	记账符号	千	百	十	万	千	百	十	元	角	分
暂借款	其他应付款	新新公司	✓					6	0	0	0	0	0
合　　计			✓				¥	6	0	0	0	0	0

附单据 1 张

财务主管：　记账：赵菲燕　出纳：　审核：解亚楠　制单：李蕾

凭证 95－1

转 账 凭 证

2019 年 12 月 30 日　　　　　　　　转字第 18 号

摘　要	总账科目	明细科目	√	借方金额（千百十万千百十元角分）	√	贷方金额（千百十万千百十元角分）
查明材料短缺原因	其他应收款	南通货运站	√	1130000		
	待处理财产损溢				√	1000000
	应交税费	增值税(进项税转出)			√	130000
合　计				¥1130000		¥1130000

附单据 2 张

财务主管　　记账 赵菲燕　　审核 解亚楠　　制单 郑梅

凭证 95－2

材料损耗报告单

2019 年 12 月 30 日

供应单位	材料名称及规格	计量单位	损耗数量	单价	金额	税额	价税合计	损耗原因	处理意见
南通盛达色织有限公司	美丽绸	米	1 000	10.00	10 000	1 300.00	11 300.00	运输部门丢失	南通货运站赔偿

审批：王文学　　检验：　　保管：赵伟　　制单：李小航

凭证 95－3

赔偿请求单

2019 年 12 月 30 日

材料名称及规格	美丽绸	发运单位	南通货站	票据号码	2312234	发运数量	10 000米
金　额	500 000		运杂费		2 000.00	到达实收	9 000米
损失品种	美丽绸		损失数量	1 000	要求赔偿金额		11 300.00
损失原因	货在南通货运站丢失，系南通货站责任，请求赔偿价税合计11300元						

请求赔偿单位：北京东方制衣有限公司　　赔偿单位：南通货运站

凭证 96－1

转 账 凭 证

2019 年 12 月 30 日　　　　转字第 19 号

摘要	总账科目	明细科目	√	借方金额 千	百	十	万	千	百	十	元	角	分	√	贷方金额 千	百	十	万	千	百	十	元	角	分
验布机报废	固定资产清理	验布机	√					3	3	0	0	0	0											
	累计折旧		√				2	3	7	0	0	0	0											
	固定资产													√				2	7	0	0	0	0	0
合　　计						¥	2	7	0	0	0	0	0				¥	2	7	0	0	0	0	0

附单据 1 张

财务主管　　记账 赵菲燕　　审核 解亚楠　　制单 郑梅

凭证 96－2

固定资产毁损报废申请书

申报单位：北京东方制衣有限公司　申请日期：2019年12月30日　固定资产编号：202

名　称	验布机	出厂时间	2004年3月	出厂编号	34108
型号、规格	JX861-1800-2400-B	使用时间	2004年3月	单　位	台
制 造 厂	上海亨通电器公司	使用单位	材料仓库		
原值（元）	27 000.00	净值	3 300.00		
已提折旧（元）	23 700.00	净残值	1 000		
报废原因： 验布机老化。					
资产管理部门意见	同意报废 2019年12月30日	公司意见	同意报废 2019年12月30日		

（印章：北京东方制衣有限公司）

凭证 97-1

收 款 凭 证

借方

科目 银行存款　　2019 年 12 月 30 日　　银收字第 12 号

摘要	贷方科目	明细科目	记账符号	金额 千	百	十	万	千	百	十	元	角	分
验布机清理费用	应付账款	小小设备公司	✓					2	0	0	0	0	0
合计			✓				¥	2	0	0	0	0	0

附单据 1 张

财务主管　　记账 赵菲燕　　出纳　　审核 解亚楠　　制单 李蕾

凭证 97-2

中国工商银行 进账单（收账通知）

2019 年12 月30日　　第 07 号

付款人	全称	小小设备公司	收款人	全称	北京东方制衣有限公司
	账号或地址	25129112933365228З		账号或地址	02000123412345612З4
	开户银行	工行海淀支行营业部		开户银行	工行朝阳支行常营分理处

人民币（大写）：	千	百	十	万	千	百	十	元	角	分
贰仟元整				¥	2	0	0	0	0	0

票据种类	转账支票	中国工商银行股份有限公司 朝阳支行常营分理处 2019.12.30 对公结算业务处理戳（1）（处理结果见我行回单）
票据张数	1张	
单位主管　会计　复核　记账		收款人开户银行盖章

此联是收款人开户银行给收款人的收账通知

凭证 98-1

产 品 入 库 单

缴库单位：一车间　　2019 年 12 月 30 日　　凭证编号：03

用途	产品名称	产品规格	计量单位	数量	成本		备注
					单位成本	金额	
销售	男式夹克		件	2 000			
	女式风衣		件	2 000			

主管：　　会计：赵菲燕　　保管员：刘英　　经手人：

凭证 98-2

产 品 入 库 单

缴库单位：二车间　　2019 年 12 月 30 日　　凭证编号：04

用途	产品名称	产品规格	计量单位	数量	成本		备注
					单位成本	金额	
销售	男式西服套装		套	2 000			
	男式休闲西服		件	2 000			

主管：　　会计：赵菲燕　　保管员：刘英　　经手人：

凭证 99-1

付 款 凭 证

贷方
科目 库存现金　　　2019 年 12 月 30 日　　　现付字第 13 号

摘要	借方科目	明细科目	记账符号	千	百	十	万	千	百	十	元	角	分
运输车队报销费用	辅助生产成本	运输车队	√				1	0	9	6	0	0	0
合计			√			¥	1	0	9	6	0	0	0

附单据 1 张

财务主管　　记账 赵菲燕　　出纳　　审核 解亚楠　　制单 李蕾

凭证 99-2

费用报销审批单

部门：运输车队　　2019 年 12 月 30 日

经手人	陈颖	事由	报销费用	
项目		金额	支付方式	备注
汽油费		9 000		
过路费		1 960		
合计		10 960.00		
公司领导审批意见	财务主管	部门领导	出纳	经手人
王文学	解亚楠	王小敏	李蕾	王虎

附单据(略)张

凭证 100－1

转 账 凭 证

2019 年 12 月 31 日　　　　转字第 20 1/2 号

摘　要	总账科目	明细科目	√	借方金额										√	贷方金额									
				千	百	十	万	千	百	十	元	角	分		千	百	十	万	千	百	十	元	角	分
分配材料费用	基本生产成本	一车间（男式夹克）	√			6	0	1	0	4	8	0	0											
		一车间（女式风衣）	√			3	1	0	7	8	4	0	0											
	基本生产成本	二车间（西服套装）	√		1	4	1	6	4	6	8	0	0											
		二车间（休闲西服）	√			8	6	8	4	4	8	0	0											
	辅助生产成本	机修动力车间	√					1	8	0	0	0	0											
	制造费用	一车间	√				4	0	2	6	0	0	0											
合　计																								

附单据 1 张

财务主管 解亚楠　　记账 赵菲燕　　审核　　制单 郑梅

凭证 100－2

转 账 凭 证

2019 年 12 月 31 日　　　　转字第 20 2/2 号

摘　要	总账科目	明细科目	√	借方金额										√	贷方金额									
				千	百	十	万	千	百	十	元	角	分		千	百	十	万	千	百	十	元	角	分
分配材料费用	制造费用	二车间	√				6	0	2	6	0	0	0											
	原材料	主要材料												√		2	9	1	0	2	1	6	0	0
		辅助材料												√			3	8	6	5	3	2	0	0
		修理备件												√					1	8	0	0	0	0
		消耗材料												√						5	2	0	0	0
合　计				¥	3	2	9	9	0	6	8	0	0		¥	3	2	9	9	0	6	8	0	0

附单据 1 张

财务主管　　记账 赵菲燕　　审核 解亚楠　　制单 郑梅

凭证 100-3

发料凭证汇总表

2019 年 12月 31 日　　　　　　金额单位：元

应借账户 \ 应贷账户			原材料				包装物	合计
			主要材料	辅助材料	修理备件	消耗材料		
基本生产成本	一车间	男式夹克	573 352	27 696			4 000	605 048
		女式风衣	240 000	70 784			4 000	314 784
	二车间	男式西服套装	1 310 540	105 928			51 600	1 468 068
		男式休闲西服	786 324	82 124			51 600	920 048
	合　计		2 910 216	286 532			111 200	3 307 948
辅助生产成本	机修车间				1 800			1 800
	运输车队							
	合计				1 800			1 800
制造费用	一车间			40 000		260		40 260
	二车间			60 000		260		60 260
	合计			100 000		520		100 520
管理费用								
销售费用								
合计			2 910 216	386 532	1 800	520	111 200	3 410 268.00

制单：郑　梅　　　　主管：解亚楠

凭证 101-1

转　账　凭　证

2019年 12 月 31 日　　　　转字第 21 号

摘　　要	总账科目	明细科目	√	借方金额（千百十万千百十元角分）	√	贷方金额（千百十万千百十元角分）
分配材料费用	基本生产成本	一车间（男式夹克）	√	400000		
		一车间（女式风衣）	√	400000		
	基本生产成本	二车间（西服套装）	√	5160000		
		二车间（休闲西服）	√	5160000		
	周转材料	包装物			√	11120000
合　　计				¥11120000		¥11120000

附单据 见转20 张

财务主管　　记账 赵菲燕　　审核 解亚楠　　制单 郑梅

凭证 102-1

转 账 凭 证

2019 年 12 月 31 日　　　　　　转字第 22 号

摘要	总账科目	明细科目	√	借方金额										√	贷方金额									
				千	百	十	万	千	百	十	元	角	分		千	百	十	万	千	百	十	元	角	分
投资价值变动	交易性金融资产	公允价值变动	√				1	2	6	0	0	0	0											
	公允价值变动损益													√				1	2	6	0	0	0	0
合计						¥	1	2	6	0	0	0	0				¥	1	2	6	0	0	0	0

附单据 1 张

财务主管　　记账 赵菲燕　　审核 解亚楠　　制单 郑梅

凭证 102-2

交易性金融资产期末账面价值调整表

2019 年 12 月 31 日　　　　金额：元

股票（债券）名称	种类	数量	收盘价	账面价值	期末公允价值	公允价值变动损益
方正科技（60060）	股票	20 000 股	6.88	125 000	137 600	12 600
合 计				125 000	137 600	12 600

制单：赵 菲　　　　主管：解 亚

凭证 103-1

转账凭证

2019 年 12 月 31 日　　　　转字第23号

摘要	总账科目	明细科目	√	借方金额（千百十万千百十元角分）	√	贷方金额（千百十万千百十元角分）
计提利息	财务费用		√	4000000		
	长期借款	应计利息			√	4000000
合计				¥4000000		¥4000000

附单据 1 张

财务主管　　记账 赵菲燕　　审核 解亚楠　　制单 郑梅

凭证 103-2

长期借款预提利息费用计算表

2019 年 12月 31 日　　　　金额：元

借款种类	借款金额	计算时间	月利率	利息
长期借款	4 000 000	三年	1.00%	40 000
合　计				40 000

制单：赵菲燕　　主管：解亚楠

凭证 104-1

转账凭证

2019 年 12 月 31 日　　　　转字第 24 1/2 号

摘要	总账科目	明细科目	√	借方金额（千百十万千百十元角分）	√	贷方金额（千百十万千百十元角分）
计提职工工资	基本生产成本	一车间（男式夹克）	√	8351688		
		一车间（女式风衣）	√	7708312		
	基本成产成本	二车间（男西服套装）	√	16793964		
		二车间（男休闲西服）	√	11206036		
	辅助生产成本	机修车间	√	2296000		
		运输车队	√	2360000		
	制造费用	一车间	√	1020000		
合计						

附单据 1 张

财务主管　　记账 赵菲燕　　审核 解亚楠　　制单 郑梅

凭证 104-2

转账凭证

2019 年 12 月 31 日　　　　转字第 24 2/2 号

摘要	总账科目	明细科目	√	借方金额（千百十万千百十元角分）	√	贷方金额（千百十万千百十元角分）
	制造费用	二车间	√	1700000		
	管理费用		√	15120000		
	销售费用		√	3680000		
	应付职工薪酬	工资			√	70236000
合计				¥70236000		¥70236000

附单据 1 张

财务主管　　记账 赵菲燕　　审核 解亚楠　　制单 郑梅

凭证 104－3

工资费用分配表

2019 年 12 月 31 日　　　　　　　　单位：元

应借科目			应分配工资			直接工资	合　计
			分配标准（实际耗用工时）	分配率	分配工资		
基本生产车间	一车间	男式夹克	9 576.00		7 816.88	75 700.00	83 516.88
		女式风衣	8 800.00		7 183.12	69 900.00	77 083.12
		小　计	18 376.00	0.816 3	15 000.00	145 600.00	160 600.00
	二车间	男式西服套装	19 360.00		13 199.64	154 740.00	167 939.64
		男式休闲西服	13 024.00		8 880.36	103 180.00	112 060.36
		小　计	32 384.00	0.681 8	22 080.00	257 920.00	280 000.00
辅助生产成本		机修车间				22 960.00	22 960.00
		运输车队				23 600.00	23 600.00
		小　计				46 560.00	46 560.00
制造费用		一车间				10 200.00	10 200.00
		二车间				17 000.00	17 000.00
		小　计				27 200.00	27 200.00
管理费用						151 200.00	151 200.00
销售费用						36 800.00	36 800.00
合　　计					37 080.00	665 280.00	702 360.00

制单：赵菲燕　　　主管：解亚楠

凭证 105－1

转　账　凭　证

2019 年 12 月 31 日　　　　转字第 25 1/2 号

摘　要	总账科目	明细科目	√	借方金额 千	百	十	万	千	百	十	元	角	分	√	贷方金额 千	百	十	万	千	百	十	元	角	分
计提社会保险	基本生产成本	一车间（男式夹克）	√				2	7	3	9	3	5	4											
		一车间（女式风衣）	√				2	5	2	8	3	2	6											
	基本成产成本	二车间（西服套装）	√				5	5	0	8	4	2	0											
		二车间（休闲西服）	√				3	6	7	5	5	8	0											
	辅助生产成本	机修车间	√					7	5	3	0	8	8											
		运输车队	√					7	7	4	0	8	0											
	制造费用	一车间	√					3	3	4	5	6	0											
		二车间	√					5	5	7	6	0	0											
合　计																								

附单据 1 张

财务主管　　　记账 赵菲燕　　审核 解亚楠　　制单 郑梅

凭证 105－2

转 账 凭 证

2019 年 12 月 31 日　　　　转字第 25 2/2 号

摘要	总账科目	明细科目	√	借方金额（千百十万千百十元角分）	√	贷方金额（千百十万千百十元角分）
计提社会保险费	管理费用		√	4959360		
	销售费用		√	1207040		
	应付职工薪酬	社会保险费			√	23037408
合计				￥23037408		￥23037408

附单据 1 张

财务主管　　记账 赵菲燕　　审核 解亚楠　　制单 郑梅

凭证 105－3

社会保险费计提表

2019 年 12 月 31 日　　　　单位：元

应借科目			工资总额	养老保险（20%）	失业保险（1.5%）	医疗保险（10%）	工伤保险（0.5%）	生育保险（0.8%）	合计
基本生产车间	一车间	男式夹克	83 516.88	16 703.38	1 252.76	8 351.70	417.58	668.14	27 393.54
		女式风衣	77 083.12	15 416.62	1 156.24	7 708.30	385.42	616.66	25 283.26
		小计	160 600.00	32 120.00	2 409.00	16 060.00	803.00	1 284.80	52 676.80
	二车间	男式西服套装	167 939.64	33 587.92	2 519.10	16 794.00	839.70	1 343.50	55 084.20
		男式休闲西服	112 060.36	22 412.08	1 680.90	11 206.00	560.30	896.48	36 755.80
		小计	280 000.00	56 000.00	4 200.00	28 000.00	1 400.00	2 240.00	91 840.00
辅助生产成本		机修车间	22 960.00	4 592.00	344.40	2 296.00	114.80	183.68	7 530.88
		运输车队	23 600.00	4 720.00	354.00	2 360.00	118.00	188.80	7 740.80
		小计	46 560.00	9 312.00	698.40	4 656.00	232.80	372.48	15 271.68
制造费用		一车间	10 200.00	2 040.00	153.00	1 020.00	51.00	81.60	3 345.60
		二车间	17 000.00	3 400.00	255.00	1 700.00	85.00	136.00	5 576.00
		小计	27 200.00	5 440.00	408.00	2 720.00	136.00	217.60	8 921.60
管理费用			151 200.00	30 240.00	2 268.00	15 120.00	756.00	1 209.60	49 593.60
销售费用			36 800.00	7 360.00	552.00	3 680.00	184.00	294.40	12 070.40
合计			702 360.00	140 472.00	10 535.40	70 236.00	3 511.80	5 618.90	230 374.08

制单：赵菲燕　　主管：解亚楠

凭证 106-1

转 账 凭 证

2019 年 12 月 31 日　　　　转字第 26 1/3 号

摘要	总账科目	明细科目	√	借方金额										√	贷方金额									
				千	百	十	万	千	百	十	元	角	分		千	百	十	万	千	百	十	元	角	分
计提工会经费等	基本生产成本	一车间（男式夹克）	√					9	6	0	4	4	6											
		一车间（女式风衣）	√					8	8	6	4	5	4											
	基本生产成本	二车间（西服套装）	√				1	9	3	1	3	0	8											
		二车间（休闲西服）	√				1	2	8	8	6	9	2											
	辅助生产成本	机修车间	√					2	6	4	0	4	0											
		运输车队	√					2	7	1	4	0	0											
合　计																								

附单据 1 张

财务主管　　记账 赵菲燕　　审核 解亚楠　　制单 郑梅

凭证 106-2

转 账 凭 证

2019 年 12 月 31 日　　　　转字第 26 2/3 号

摘要	总账科目	明细科目	√	借方金额										√	贷方金额									
				千	百	十	万	千	百	十	元	角	分		千	百	十	万	千	百	十	元	角	分
计提工会经费等	制造费用	一车间	√					1	1	7	3	0	0											
		二车间	√					1	9	5	5	0	0											
	管理费用		√				1	7	3	8	8	0	0											
	销售费用		√					4	2	3	2	0	0											
	应付职工薪酬	工会经费												√				1	4	0	4	7	2	0
		职工教育经费												√				1	0	5	3	5	4	0
合　计																								

附单据 1 张

财务主管　　记账 赵菲燕　　审核 解亚楠　　制单 郑梅

凭证 106-3

转 账 凭 证

2019 年 12 月 31 日　　　　转字第 26 3/3 号

摘　要	总账科目	明细科目	√	借方金额 千百十万千百十元角分	√	贷方金额 千百十万千百十元角分
计提工会经费等	应付职工薪酬	住房公积金			√	5 6 1 8 8 8 0
合　计				¥ 8 0 7 7 1 4 0		¥ 8 0 7 7 1 4 0

附单据 1 张

财务主管　　记账 赵菲燕　　审核 解亚楠　　制单 郑梅

凭证 106-4

工会经费、职工教育经费、住房公积金计提表

2019 年 12 月 31 日　　　　单位：元

应借科目			工资总额	工会经费（2%）	职工教育经费（1.5%）	住房公积金（8%）	合　计
基本生产车间	一车间	男式夹克	83 516.88	1 670.34	1 252.75	6 681.35	9 604.44
		女式风衣	77 083.12	1 541.66	1 156.25	6 166.65	8 864.56
		小　计	160 600.00	3 212.00	2 409.00	12 848.00	18 469.00
	二车间	男式西服套装	167 939.64	3 358.79	2 519.09	13 435.17	19 313.06
		男式休闲西服	112 060.36	2 241.21	1 680.91	8 964.83	12 886.95
		小　计	280 000.00	5 600.00	4 200.00	22 400.00	32 200.00
辅助生产成本		机修车间	22 960.00	459.20	344.40	1 836.80	2 640.40
		运输车队	23 600.00	472.00	354.00	1 888.00	2 714.00
		小　计	46 560.00	931.20	698.40	3 724.80	5 354.40
制造费用		一车间	10 200.00	204.00	153.00	816.00	1 173.00
		二车间	17 000.00	340.00	255.00	1 360.00	1 955.00
		小　计	27 200.00	544.00	408.00	2 176.00	3 128.00
管理费用			151 200.00	3 024.00	2 268.00	12 096.00	17 388.00
销售费用			36 800.00	736.00	552.00	2 944.00	4 232.00
合　计			702 360.00	1 4047.20	10 535.40	56 188.80	80 771.40

制单：赵菲燕　　　　主管：解亚楠

凭证 107-1

转 账 凭 证

2019 年 12 月 31 日　　　　转字第 27 1/2 号

摘 要	总账科目	明细科目	√	借方金额										√	贷方金额									
				千	百	十	万	千	百	十	元	角	分		千	百	十	万	千	百	十	元	角	分
计提职工福利	基本生产成本	一车间（男式夹克）	√					1	6	7	0	3	4											
		一车间（女式风衣）	√					1	5	4	1	6	6											
	基本生产成本	二车间（男式西服套装）	√					3	3	5	8	8	0											
		二车间（男式休闲西服）	√					2	2	4	1	2	0											
	辅助生产成本	机修动力车间	√						4	5	9	2	0											
		运输车队	√						4	7	2	0	0											
合 计																								

附单据 1 张

财务主管　　记账 赵菲燕　　审核 解亚楠　　制单 郑梅

凭证 107-2

转 账 凭 证

2019 年 12 月 31 日　　　　转字第 27 2/2 号

摘 要	总账科目	明细科目	√	借方金额										√	贷方金额									
				千	百	十	万	千	百	十	元	角	分		千	百	十	万	千	百	十	元	角	分
计提职工福利	制造费用	一车间	√						2	0	4	0	0											
		二车间	√						3	4	0	0	0											
	管理费用		√					3	0	2	4	0	0											
	销售费用		√						7	3	6	0	0											
	应付职工薪酬	职工福利												√				1	4	0	4	7	2	0
合 计							￥	1	4	0	4	7	2	0			￥	1	4	0	4	7	2	0

附单据 1 张

财务主管　　记账 赵菲燕　　审核 解亚楠　　制单 郑梅

凭证 107-3

职工福利计提表

2019 年 12 月 31 日

应借科目			工资总额	职工福利（2%）
基本生产车间	一车间	男式夹克	83 516.88	1 670.34
		女式风衣	77 083.12	1 541.66
		小　计	160 600.00	3 212.00
	二车间	男式西服套装	167 939.64	3 358.79
		男式休闲西服	112 060.36	2 241.21
		小　计	280 000.00	5 600.00
辅助生产成本		机修车间	22 960.00	459.20
		运输车队	23 600.00	472.00
		小　计	46 560.00	931.20
制造费用		一车间	10 200.00	204.00
		二车间	17 000.00	340.00
		小　计	27 200.00	544.00
管理费用			151 200.00	3 024.00
销售费用			36 800.00	736.00
合　计			702 360.00	14 047.20

制单：王菲燕　　　　主管：　解亚楠

凭证 108-1

转　账　凭　证

2019 年 12 月 31 日　　　　转字第 28 1/2 号

摘要	总账科目	明细科目	√	借方金额										√	贷方金额									
				千	百	十	万	千	百	十	元	角	分		千	百	十	万	千	百	十	元	角	分
计提固定资产折旧	辅助生产成本	机修车间	√					9	3	2	0	0	0											
		运输车队	√				1	3	4	2	0	0	0											
	制造费用	一车间	√					9	6	6	0	0	0											
		二车间	√				1	1	7	1	0	0	0											
	管理费用		√				1	3	2	5	0	0	0											
	销售费用		√					4	4	0	0	0	0											
合　计																								

附单据 1 张

财务主管　　　记账 赵菲燕　　审核 解亚楠　　制单 郑梅

凭证 108-2

转 账 凭 证

2019 年 12 月 31 日　　　　转字第 28 2/2 号

摘　要	总账科目	明细科目	√	借方金额	√	贷方金额
计提固定资产折旧	累计折旧				√	6176000
合　计				¥6176000		¥6176000

附单据 1 张

财务主管　　记账 赵菲燕　　审核 解亚楠　　制单 郑梅

凭证 108-3

固定资产折旧计算表

2019 年 12 月 31 日　　　　单位：元

应借科目	使用部门及固定资产类别		月初固定资产原值	月折旧率	本月应计折旧额
制造费用	一车间	房屋	3 000 000	0.25%	7 500
		设备	270 000	0.80%	2 160
		小计	3 270 000		9 660
	二车间	房屋	3 500 000	0.25%	8 750
		设备	370 000	0.80%	2 960
		小计	3 870 000		11 710
辅助生产成本	机修车间	房屋	1 040 000	0.25%	2 600
		设备	1 120 000	0.60%	6 720
		小计	2 160 000		9 320
	运输车队	房屋	440 000	0.25%	1 100
		设备	1 000 000	0.80%	8 000
		运输设备	540 000	0.80%	4 320
		小计	1 980 000		13 420
销售费用	销售部	房屋	1 600 000	0.25%	4 000
		办公设备	40 000	1.00%	400
		小计	1 640 000		4 400
管理费用	管理部门	房屋建筑物	4 500 000	0.25%	11 250
		办公设备	200 000	1.00%	2 000
		小计	4 700 000		13 250
合　计			17 620 000		61 760

制单：赵菲燕　　　　主管：解亚楠

凭证 109-1

转 账 凭 证

2019 年 12 月 31 日　　　　转字第 29 号

摘要	总账科目	明细科目	√	借方金额 千	百	十	万	千	百	十	元	角	分	√	贷方金额 千	百	十	万	千	百	十	元	角	分
计算本月税费	管理费用	土地使用税	√				1	6	9	2	0	0	0											
		房产税	√					9	8	5	6	0	0											
		车船使用税	√						2	0	0	0	0											
	应交税费	应交土地使用税												√				1	6	9	2	0	0	0
		应交房产税												√					9	8	5	6	0	0
		应交车船使用税												√						2	0	0	0	0
合计						¥	2	6	9	7	6	0	0				¥	2	6	9	7	6	0	0

附单据 3 张

财务主管　　记账 赵菲燕　　审核 解亚楠　　制单 郑梅

凭证 109-2

城镇土地使用税计算表

2019 年 12月 31 日　　　　单位：元

项目 / 部门	土地面积	计税等级	每平米年税额	年应纳税额	本月应纳税额
公司本部	16 920 m²	4	12	203 040	16 920

制单：郑梅　　　　主管：解亚楠

凭证 109-3

房产税计算表

2019 年 12 月 31 日　　　　单位：元

征税对象	应税房产原值	扣减幅度	应税房产余值	租金收入	年税率	年应纳税额	本月应纳税额
自用房产	14 080 000	30%	9 856 000		1.20%	118 272	9 856
出租房产							

制单：郑梅　　　　主管：解亚楠

凭证 109－4

车船使用税计算表

2019 年 12 月 31 日　　　　单位：元

车辆名称	数量	每辆吨位	每辆年税额	年应纳税额	本月应纳税额
桑塔娜轿车	1		960	960	80
依维克面包车	1		1 080	1 080	90
货车	3	6	120	360	30
合计				2 400	200

制单：郑梅　　　　主管：解亚楠

凭证 110－1

转　账　凭　证

2019 年 12 月 31 日　　　　转字第 30 1/2 号

摘　要	总账科目	明细科目	√	借方金额（千百十万千百十元角分）	√	贷方金额（千百十万千百十元角分）
费用摊销	辅助生产成本	机修车间	√	19200		
		运输车队	√	79200		
	制造费用	一车间	√	148800		
		二车间	√	252000		
	销售费用		√	28800		
	管理费用		√	584000		
	预付账款	劳动保险费			√	568800
		报刊订阅			√	180000
合　计						

附单据 1 张

财务主管　　记账 赵菲燕　　审核 解亚楠　　制单 郑梅

凭证 110-2

转 账 凭 证

2019 年 12 月 31 日　　　　转字第 30 2/2 号

摘　要	总账科目	明细科目	√	借方金额（千百十万千百十元角分）	√	贷方金额（千百十万千百十元角分）
费用摊销	预付账款	财产保险			√	143200
		养路费			√	220000
合　计				￥1112000		￥1112000

附单据 1 张

财务主管　　记账 赵菲燕　　审核 解亚楠　　制单 郑梅

凭证 110-3

预付费用分配表

2019 年 12 月 31 日　　　　单位：元

应借会计科目		劳动保护费		报刊订阅费	财产保险费	养路费	合计
		分配标准	分配金额				
辅助生产成本	机修车间	8	192				192.00
	运输车队	8	192		600.00		792.00
	小计	16	384		600.00		984.00
制造费用	一车间	62	1 488				1 488.00
	二车间	105	2 520				2 520.00
	小计	167	4 008				4 008.00
销售费用		12	288				288.00
管理费用		42	1 008	1 800.00	832.00	2 200.00	5 840.00
合　计		237	5 688	1 800.00	1 432.00	2 200.00	11 120.00

制单：郑梅　　　　主管：解亚楠

凭证 *m*-1

转 账 凭 证

2019 年 12 月 31 日　　　　转字第 31 1/2 号

摘要	总账科目	明细科目	√	借方金额										√	贷方金额								
				千	百	十	万	千	百	十	元	角	分		千	百	十	万	千	百	十	元	角	分
分配水电费	辅助生成成本	机修车间	√					8	7	3	6	7	6											
		运输车队	√						2	5	5	6	2											
	制造费用	一车间	√				1	4	5	3	7	0	2											
		二车间	√				2	0	0	9	4	7	2											
	销售费用		√						4	4	9	0	8											
	管理费用		√					2	2	5	7	6	8											
合计																								

附单据 1 张

财务主管　　记账 赵菲燕　　审核 解亚楠　　制单 郑梅

凭证 *m*-2

转 账 凭 证

2019 年 12 月 31 日　　　　转字第 31 2/2 号

摘要	总账科目	明细科目	√	借方金额										√	贷方金额								
				千	百	十	万	千	百	十	元	角	分		千	百	十	万	千	百	十	元	角	分
分配水电费	应付账款	水电费												√				4	6	3	3	0	8	8
合计						¥	4	6	3	3	0	8	8				¥	4	6	3	3	0	8	8

附单据 1 张

财务主管　　记账 赵菲燕　　审核 解亚楠　　制单 郑梅

凭证 111-3

水电费分配表

2019 年 12 月 31 日　　单位：元

应借科目		水费 耗用量（吨）	水费 分配率	水费 分配额	电费 耗用量（千瓦）	电费 分配率	电费 分配额	合计
辅助生产成本	机修车间	120		464.16	14 038		8 272.6	8 736.76
	运输车队	28		108.3	250		147.32	255.62
	小计			572.46	14 288		8 419.92	8 992.38
制造费用	一车间	328		1 270.7	22 512		13 266.32	14 537.02
	二车间	460		1 779.28	31 080		18 315.44	20 094.72
	小计			3 049.98	53 592		31 581.76	34 631.74
销售费用		32		123.78	552		325.30	449.08
管理费用		196		756.14	2 548		1 501.54	2 257.68
合　计		1 164	3.868	4 502.36	70 980	0.589 3	41 828.52	46 330.88

制单：郑梅　　主管：解亚楠

凭证 112-1

转 账 凭 证

2019 年 12 月 31 日　　转字第 32 号

摘　要	总账科目	明细科目	√	借方金额（千百十万千百十元角分）	√	贷方金额（千百十万千百十元角分）
分配辅助生产费用	辅助生产费用	机修车间	√	157550		
		运输车队	√	563990		
	辅助生产费用	机修车间			√	563990
		运输车队			√	157550
合　计				￥721540		￥721540

附单据 1 张

财务主管　　记账 赵菲燕　　审核 解亚楠　　制单 郑梅

凭证 112-2

辅助生产费用分配表

2019 年 12 月 31 日　　　　金额单位：元

		待分配费用	分配数量	分配率	分配额（应借科目）											
					辅助生产成本				制造费用				销售费用		管理费用	
					机修车间		运输车队		一车间		二车间					
					数量	金额	数量	金额	数量	金额	数量	金额	数量	金额	数量	金额
交互分配	机修车间	63 448.84	2 700工时	23.499 6			240工时	5 639.9								
	运输车队	78 664.02	53 924公里	1.458 8	1 080公里	1 575.5										
	小计	142 112.86				1 575.5		5 639.9								
对外分配	机修车间	59 384.44	2 460工时	24.140 0					940工时	2 2691.6	1 180工时	28 002.4	100工时	2 414	260工时	6 276.44
	运输车队	82 728.42	52 844公里	1.565 5					3 400公里	5 322.7	4 554公里	7 129.28	29 120公里	45 587.36	15 990公里	24 689.08
	小计	142 112.86														
合计										28 014.3		35 131.7		48 001.36		30 965.52

制单：郑梅　　　　主管：解亚楠

凭证 113-1

转 账 凭 证

2019 年 12 月 31 日　　　　转字第 33 号

摘要	总账科目	明细科目	√	借方金额（千百十万千百十元角分）	√	贷方金额（千百十万千百十元角分）
分配辅助生产费用	制造费用	一车间	√	2801430		
		二车间	√	3513168		
	销售费用		√	4800136		
	管理费用		√	3096552		
	辅助生产费用	机修车间			√	5938444
		运输车队			√	8272842
合计				￥14211286		￥14211286

附单据 见转32 张

财务主管　　记账 赵菲燕　　审核 解亚楠　　制单 郑梅

凭证 114-1

转 账 凭 证

2019 年 12 月 31 日　　　　转字第34号

摘要	总账科目	明细科目	借方金额											贷方金额										
			√	千	百	十	万	千	百	十	元	角	分	√	千	百	十	万	千	百	十	元	角	分
分配制造费用	基本生产成本	一车间（男式夹克）	√				6	0	0	0	5	1	4											
		一车间（女式风衣）	√				5	5	1	4	2	7	8											
	基本生产成本	二车间（西服套装）	√				9	6	1	7	2	7	4											
		二车间（休闲西服）	√				6	4	6	9	8	0	6											
	制造费用	一车间												√			1	1	5	1	4	7	9	2
		二车间												√			1	6	0	8	7	0	8	0
合计					¥	2	7	6	0	1	8	7	2			¥	2	7	6	0	1	8	7	2

附单据1张

财务主管　　记账 赵菲燕　　审核 解亚楠　　制单 郑梅

凭证 114-2

制造费用分配表

2019 年 12 月 31 日　　　　金额：元

应借科目			分配标准	分配率	分配金额
基本生产成本	一车间	男式夹克	9 576		60 005.14
		女式风衣	8 800		55 142.78
		小计	18 376	6.266 2	115 147.92
	二车间	男式西服套装	19 360		96 172.74
		男式休闲西服	13 024		64 698.06
		小计	32 384	4.967 6	160 870.8
	合计				276 018.72

制单：郑 梅　　复核：赵菲燕　　主管：解亚楠

凭证 115－1

转 账 凭 证

2019 年 12 月 31 日　　　　转字第 35 1/2 号

摘要	总账科目	明细科目	√	借方金额										√	贷方金额									
				千	百	十	万	千	百	十	元	角	分		千	百	十	万	千	百	十	元	角	分
结转完工产品成本	库存商品	男式夹克	√			7	8	4	7	0	0	3	6											
		女式风衣	√			4	8	2	6	9	9	3	6											
		男式西服套装	√		1	8	0	9	2	3	8	0	6											
		男式休闲西服	√		1	1	4	8	2	7	1	2	4											
	基本生产成本	男式夹克												√			7	8	4	7	0	0	3	6
		女式风衣												√			4	8	2	6	9	9	3	6
合计																								

附单据 5 张

财务主管　　　记账 赵菲燕　　　审核 解亚楠　　　制单 郑梅

凭证 115－2

转 账 凭 证

2019 年 12 月 31 日　　　　转字第 35 2/2 号

摘要	总账科目	明细科目	√	借方金额										√	贷方金额									
				千	百	十	万	千	百	十	元	角	分		千	百	十	万	千	百	十	元	角	分
结转完工产品成本	基本生产成本	男式西服套装												√		1	8	0	9	2	3	8	0	6
		男式休闲西服												√		1	1	4	8	2	7	1	2	4
合计				¥	4	2	2	4	9	0	9	0	2		¥	4	2	2	4	9	0	9	0	2

附单据 5 张

财务主管　　　记账 赵菲燕　　　审核 解亚楠　　　制单 郑梅

凭证 115-3

产品成本计算表

产品名称：男式夹克　　　　2019 年 12 月 31 日　　　　完工数量：4 000件

项目	直接材料	直接人工	制造费用	其他支出	合计
月初在产品成本	140 800.00				140 800.00
本月生产费用	605 048.00	122 185.22	60 005.14		787 238.36
累计生产费用	745 848.00	122 185.22	60 005.14		928 038.36
月末在产品成本	143 338.00				143 338.00
完工产品成本	602 510.00	122 185.22	60 005.14		784 700.36
单位产品成本					196.18

制单：郑　梅　　复核：赵菲燕　　主管：解亚楠

凭证 115-4

产品成本计算表

产品名称：女式风衣　　　　2019 年 12 月 31 日　　　　完工数量：4 000件

项目	直接材料	直接人工	制造费用	其他支出	合计
月初在产品成本	60 000.00				60 000.00
本月生产费用	314 784.00	112 772.58	55 142.78		482 699.36
累计生产费用	374 784.00	112 772.58	55 142.78		542 699.36
月末在产品成本	60 000.00				60 000.00
完工产品成本	314 784.00	112 772.58	55 142.78		482 699.36
单位产品成本					120.67

制单：郑　梅　　复核：赵菲燕　　主管：解亚楠

凭证 115－5

产品成本计算表

产品名称：男式西服套装　　2019 年 12 月 31 日　　完工数量：4 000件

项目	直接材料	直接人工	制造费用	其他支出	合计
月初在产品成本	359 700.00				359 700.00
本月生产费用	1 468 068.00	245 695.72	96 172.74		1 809 936.46
累计生产费用	1 827 768.00	245 695.72	96 172.74		2 169 636.46
月末在产品成本	360 398.40		0		360 398.40
完工产品成本	1 467 369.60	245 695.72	96 172.74		1 809 238.06
单位产品成本					452.31

制单：郑　梅　　复核：赵菲燕　　主管：解亚楠

凭证 115－6

产品成本计算表

产品名称：男式休闲西服　　2019 年 12 月 31 日　　完工数量：4 000 件

项目	直接材料	直接人工	制造费用	其他支出	合计
月初在产品成本	215 820.00				215 820.00
本月生产费用	920 048.00	163 944.28	64 698.06		1 148 690.34
累计生产费用	1 135 868.00	163 944.28	64 698.06		1 364 510.34
月末在产品成本	216 239.10				216 239.10
完工产品成本	919 628.90	163 944.28	64 698.064		1 148 271.24
单位产品成本					287.07

制单：郑　梅　　复核：赵菲燕　　主管：解亚楠

凭证 115－7

产成品入库汇总表

2019 年 12 月 31 日

产品名称	计量单位	实收数量	单位成本	总成本	备注
男式夹克	件	4 000	196.18	784 700.36	
女式风衣	件	4 000	120.67	482 699.36	
男式西服套装	套	4 000	452.31	1 809 238.06	
男式休闲西服	件	4 000	287.07	1 148 271.24	
合　　计				4 224 909.02	

制单：郑　梅　　复核：赵菲燕　　主管：解亚楠

凭证 116－1

转 账 凭 证

2019 年 12 月 31 日　　　　　　　　　　转字第 36 号

摘要	总账科目	明细科目	√	借方金额										√	贷方金额									
				千	百	十	万	千	百	十	元	角	分		千	百	十	万	千	百	十	元	角	分
销售服装	应收账款	大同华贸	√			5	2	8	8	4	0	0	0											
	主营业务收入	男式西服套装												√			4	6	8	0	0	0	0	0
	应交税费	应交增值税（销项）												√				6	0	8	4	0	0	0
合计					¥	5	2	8	8	4	0	0	0			¥	5	2	8	8	4	0	0	0

附单据 2 张

财务主管　　记账 赵菲燕　　审核 解亚楠　　制单 郑梅

凭证 116－2

北京增值税专用发票

（印章：全国统一发票监制章 北京 国家税务局监制）

1100071140　　　　　　　　№ 01973135

此联不作报销、扣税凭证使用　　　　　　开票日期 2019 年 12 月 28 日

购买方	名　　称：大同华贸服装公司 纳税人识别号：601237801285128 地 址、电 话：山西省大同市永华大道　0352-6519868 开户行及账号：工行永华大道分理处 4000020023346812345	密码区	9+5 < 95/0+95 > 3802654745691130776093067 23+3+- < 01 < 3-95*12-8245569760497047956 1 > < 85962- < -289890 < -9479000417956314 - > 503 > > *+50*96852 > 70046796467101367

货物或应税劳务、服务名称	规格型号	单位	数量	单价	金额	税率	税额
男式西服套装		套	600	780.00	468,000.00	13%	60,840.00
合　　计					¥468.000.00		¥60,840.00
价税合计（大写）	⊗ 伍拾贰万捌仟捌佰肆拾元整				（小写） ¥528,840.00		

销售方	名　　称：北京东方制衣有限公司 纳税人识别号：11010562571729X 地 址、电 话：北京市朝阳区常营 3 号 010-84531288 开户行及账号：工行朝阳支行常营分理处 0200012341234561234	备注	

收款人：　　　复核：　　　开票人：刘　楠　　　销售方：（章）

国税函（2019）1006号北京印钞厂

第三联　记账联　销售方记账凭证

凭证 116－3

产品出库单

购货单位：大同华贸服装公司　　2019 年 12 月 31 日　　凭证编号：8

用途	产品名称	产品规格	计量单位	数量	成本		备注
					单位成本	金额	
销售	男式西服套装		套	600			

主管：　　会计：赵菲燕　　保管员：刘英　　经手人：

凭证 117－1

转 账 凭 证

2019 年 12 月 31 日　　转字第 37 号

摘要	总账科目	明细科目	√	借方金额 千	百	十	万	千	百	十	元	角	分	√	贷方金额 千	百	十	万	千	百	十	元	角	分
发出商品	应收账款	海天商贸	√			2	4	1	6	8	0	0	0											
	库存商品	女式风衣												√			2	4	1	6	8	0	0	0
合计					¥	2	4	1	6	8	0	0	0			¥	2	4	1	6	8	0	0	0

附单据 2 张

财务主管　　记账 赵菲燕　　审核 解亚楠　　制单 郑梅

凭证 117-2

北京增值税专用发票

1100007114O　　　　№ 01973136

此联不作报销、扣税凭证使用　　　　开票日期 2019 年 12 月 31 日

国税函(2019)1006 号北京印钞厂

购买方	名　　称：包头海天商贸公司 纳税人识别号：550501625744126 地 址、电 话：内蒙古包头稀土开发区黄河大街 0472-51086502 开户行及账号：工行黄河大街分理处 0200021221234567567				密码区	9+5<95/0+95>380265474569113O776093067 23+3+-<01<3-95*12-8245569760497047956 1><85962-<-289890<-9479000417956314 -><503>>*+50*96852>70046796467101367		
货物或应税劳务、服务名称	规格型号	单位	数量	单价	金额	税率	税额	
女式风衣		件	2 000	250.00	500,000.00	13%	65,000.00	
合　　计					¥500,000.00		¥65,000.00	
价税合计（大写）	⊗ 伍拾陆万伍仟元整				（小写） ¥565,000.00			
销售方	名　　称：北京东方制衣有限公司 纳税人识别号：11010562571729X 地 址、电 话：北京市朝阳区常营 3 号 010-84531288 开户行及账号：工行朝阳支行常营分理处 0200012341234561236				备注			

收款人：　　复核：　　开票人：刘 楠　　销售方：（章）

第一联 记账联 销售方记账凭证

凭证 117-3

产 品 出 库 单

购货单位：包头海天商贸公司　　2019 年 12 月 31 日　　凭证编号：9

用途	产品名称	产品规格	计量单位	数量	成本		备注
					单位成本	金额	
	女式风衣		件	2 000	120.84	241 680	

主管：　　会计：赵菲燕　　保管员：刘英　　经手人：

凭证 118-1

转账凭证

2019 年 12 月 31 日　　　　转字第 38 号

摘要	总账科目	明细科目	√	借方金额										√	贷方金额									
				千	百	十	万	千	百	十	元	角	分		千	百	十	万	千	百	十	元	角	分
发放服装	销售费用	其他	√				5	8	7	2	8	2	4											
	库存商品	女风衣												√				5	8	7	2	8	2	4
合计						￥	5	8	7	2	8	2	4				￥	5	8	7	2	8	2	4

附单据 1 张

财务主管　　记账 赵菲燕　　审核 解亚楠　　制单 郑梅

凭证 118-2

产品出库单

购货单位：公司员工　　2019 年 12 月 31 日　　凭证编号：10

用途	产品名称	产品规格	计量单位	数量	成本		备注
					单位成本	金额	
	女式风衣		件	486	120.84	58 728.24	

主管：　　会计：赵菲燕　　保管员：刘英　　经手人：

凭证 119－1

转 账 凭 证

2019年 12 月 31 日　　　　转字第 39 号

摘 要	总账科目	明细科目	√	借方金额	√	贷方金额
结转发出产品成本	主营业务成本		√	3455876.44		
	委托代销商品		√	668984.00		
	库存商品	男式夹克			√	673586.40
		女式风衣			√	711264.24
		男式西服套装			√	1743524.40
		男式休闲西服			√	996485.40
合 计				¥4124860.44		¥4124860.44

附单据 2 张

财务主管　　记账 赵菲燕　审核 解亚楠　制单 郑梅

凭证 119－2

发出产品成本计算表

2019 年 12 月 31 日　　　　金额单位：元

产品名称	月初结存成本		本月加工成本		本月发出成本		月末结存成本	
	数量	总成本	数量	总成本	数量	总成本	数量	总成本
男式夹克	2 400	468 480.00	4 000	784 700.36	3 440	673 586.40	2 960	579 593.96
女式风衣	2 500	302 750.00	4 000	482 699.36	5 886	711 264.24	614	74 185.12
男式西服套装	1 960	911 008.00	4 000	1 809 238.06	3 820	1 743 524.40	2 140	976 721.66
男式休闲西服	2 300	687 355.00	4 000	1 148 271.24	3 420	996 485.40	2 880	839 140.84
合 计		2 369 593.00		4 224 909.02		4 124 860.44		2 469 641.58

制单：郑梅　　复核：赵菲燕　　主管：解亚楠

凭证 119-3

产成品出库（销售）汇总表

2019 年 12 月 31 日　　　　金额单位：元

产品名称	计量单位	销售		委托代销	
		数量	成本	数量	成本
男式夹克	件	2 640	516 938.40	800	156 648.00
女式风衣	件	2 600	614 592.24	800	96 672.00
男式西服套装	套	3 420	1 560 956.40	400	182 568.00
男式休闲西服	件	2 620	763 389.40	800	233 096.00
合　　计			3 455 876.44		668 984.00

制单：郑梅　　复核：赵菲燕　　主管：解亚楠

凭证 120-1

转　账　凭　证

2019 年 12 月 31 日　　　　转字第 40 号

摘　要	总账科目	明细科目	√	借方金额										√	贷方金额									
				千	百	十	万	千	百	十	元	角	分		千	百	十	万	千	百	十	元	角	分
转出应交增值税	应交税费	增值税（转出未交）	√			4	5	0	9	9	0	1	7											
	应交税费	未交增值税												√			4	5	0	9	9	0	1	7
合　计					¥	4	5	0	9	9	0	1	7			¥	4	5	0	9	9	0	1	7

附单据 1 张

财务主管　　记账 赵菲燕　　审核 解亚楠　　制单 郑梅

凭证 120-2

应交增值税计算表

2019 年 12 月 31 日

进项税额	已交税金	转出未交增值税	销项税额	进项税额转出	转出多交增值税
259 283.03		450 990.17	708 973.2	1 300.00	

制单：郑　梅　　复核：赵菲燕　　主管：解亚楠

凭证 121-1

转　账　凭　证

2019 年 12 月 31 日　　转字第 41 号

摘　要	总账科目	明细科目	√	借方金额（千百十万千百十元角分）	√	贷方金额（千百十万千百十元角分）
计提税费	税金及附加		√	4509902		
	应交税费	城建税			√	3156931
		教育费附加			√	1352971
合　计				¥4509902		¥4509902

附单据 1 张

财务主管　　记账 赵菲燕　　审核 解亚楠　　制单 郑梅

凭证 121-2

应交税费计算表

2019 年 12 月31 日

项　目	计税（费）金额	税（费）率	应交税费
城市维护建设税	450 990.17	7%	31 569.31
教育费附加	450 990.17	3%	13 529.71
合　计			45 099.02

制单：郑　梅　　复核：赵菲燕　　主管：解亚楠

凭证 122-1

转账凭证

2019 年 12 月 31 日　　　　转字第 42 号

摘要	总账科目	明细科目	√	借方金额	√	贷方金额
计提坏账准备	资产减值损失		√	151913		
	坏账准备				√	151913
合计				￥151913		￥151913

附单据 1 张

财务主管　　记账 赵菲燕　　审核 解亚楠　　制单 郑梅

凭证 122-2

坏账准备提取计算表

2019 年 12 月 31 日

项目	账户期末余额	预计损失率	本期应提数	坏账准备账户余额	本期实际提取金额
应收账款	5 944 048.8		17 832.15		1 519.13
合　计			17 832.15		1 519.13

制单：郑　梅　　复核：赵菲燕　　主管：解亚楠

凭证 123－1

转 账 凭 证

2019 年 12 月 31 日　　　　转字第 43 号

摘　要	总账科目	明细科目	√	借方金额（千百十万千百十元角分）	√	贷方金额（千百十万千百十元角分）
结转本期损益	主营业务收入		√	545364000		
	公允价值变动损益		√	1260000		
	营业外收入		√	30000		
	本年利润				√	546654000
合　计				￥546654000		￥546654000

附单据　张

财务主管　　记账 赵菲燕　　审核 解亚楠　　制单 郑 梅

凭证 124－1

转 账 凭 证

2019 年 12 月 31 日　　　　转字第 44 1/2 号

摘　要	总账科目	明细科目	√	借方金额（千百十万千百十元角分）	√	贷方金额（千百十万千百十元角分）
结转本期损益	本年利润		√	448423657		
	主营业务成本				√	345587644
	税金及附加				√	4509902
	销售费用				√	30452868
	管理费用				√	37380080
	财务费用				√	10285000
合　计						

附单据　张

财务主管　　记账 赵菲燕　　审核 解亚楠　　制单 郑 梅

凭证 124-2

转账凭证

2019 年 12 月 31 日　　　　转字第 44 2/2 号

摘要	总账科目	明细科目	√	借方金额（千百十万千百十元角分）	√	贷方金额（千百十万千百十元角分）
结转本月损益	投资收益				√	56250
	资产减值损失				√	151913
	营业外支出				√	20000000
合计				￥448423657		￥448423657

附单据　张

财务主管　　记账 赵菲燕　　审核 解亚楠　　制单 郑梅

凭证 125-1

转账凭证

2019 年 12 月 31 日　　　　转字第 45 号

摘要	总账科目	明细科目	√	借方金额（千百十万千百十元角分）	√	贷方金额（千百十万千百十元角分）
计算本月应交所得税	所得税费用			24557586	√	
	应交税费	应交所得税			√	24557586
					√	
合计				￥24557586		￥24557586

附单据 1 张

财务主管　　记账 赵菲燕　　审核 解亚楠　　制单 郑梅

凭证 125－2

应交税费计算表

2019 年 12 月 31 日

项　　目	计税（费）金额	税（费）率	应交税费
所得税	982 303.43	25%	245 575.86
合　　计			245 575.86

制单：郑梅　　复核：赵菲燕　　主管：解亚楠

凭证 126－1

转　账　凭　证

2019 年 12 月 31 日　　　　转字第 46 号

摘　要	总账科目	明细科目	√	借方金额	√	贷方金额
结转本期所得税	本年利润			245575.86	√	
	所得税费用				√	245575.86
					√	
合　计				￥245575.86		￥245575.86

附单据　张

财务主管　　记账 赵菲燕　　审核 解亚楠　　制单 郑梅

凭证 127-1

转 账 凭 证

2019 年 12 月 31 日　　　　转字第 47 号

摘要	总账科目	明细科目	√	借方金额										√	贷方金额									
				千	百	十	万	千	百	十	元	角	分		千	百	十	万	千	百	十	元	角	分
结转本年利润	本年利润				4	1	8	6	7	2	7	5	7	√										
	利润分配	未分配利润												√		4	1	8	6	7	2	7	5	7
														√										
合计				￥	4	1	8	6	7	2	7	5	7		￥	4	1	8	6	7	2	7	5	7

附单据　张

财务主管　　记账 赵菲燕　　审核 解亚楠　　制单 郑梅

凭证 128-1

转 账 凭 证

2019 年 12 月 31 日　　　　转字第 48 号

摘要	总账科目	明细科目	√	借方金额										√	贷方金额									
				千	百	十	万	千	百	十	元	角	分		千	百	十	万	千	百	十	元	角	分
利润分配	利润分配	提取法定盈余公积				4	1	8	6	7	2	7	6	√										
		提取任意盈余公积				2	0	9	3	3	6	3	8	√										
	盈余公积	法定盈余公积												√			4	1	8	6	7	2	7	6
		任意盈余公积															2	0	9	3	3	6	3	8
合计					￥	6	2	8	0	0	9	1	4			￥	6	2	8	0	0	9	1	4

附单据 1 张

财务主管　　记账 赵菲燕　　审核 解亚楠　　制单 郑梅

凭证 128-2

盈余公积提取表

2019 年 12 月 31 日

项　　目	净利润	提取比例	提取金额
法定盈余公积	4 186 727.57	10%	418 672.76
任意盈余公积	4 186 727.57	5%	209 336.38
合　　计			628 009.14

制单：郑 梅　　　复核：赵菲燕　　　主管：解亚楠

凭证 129-1

转 账 凭 证

2019 年 12 月 31 日　　　　转字第 49 号

摘　　要	总账科目	明细科目	√	借方金额（千百十万千百十元角分）	√	贷方金额（千百十万千百十元角分）
年终结转利润分配	利润分配	未分配利润		62800914	√	
	利润分配	提取法定盈余公积			√	41867276
		提取任意盈余公积			√	20933638
合　计				¥62800914		¥62800914

附单据　张

财务主管　　记账 赵菲燕　　审核 解亚楠　　制单 郑 梅

工作底稿

财务报表审计实训手册

专　　业：________________

班　　级：________________

学　　号：________________

姓　　名：________________

任课教师：________________

财务报表审计实训报告

实训指导教师：　　　　　　　　　　　　　　课时：　　　　　　　　　　　　日期：

<table>
<tr><td colspan="3">实训任务：</td></tr>
<tr><td colspan="3">实训目的和要求：</td></tr>
<tr><td colspan="3">实训工作底稿及会计资料：</td></tr>
<tr><td colspan="3">实训内容及步骤：</td></tr>
<tr><td colspan="3">实训结果（或结论）：</td></tr>
<tr><td>评语</td><td></td><td>评分：

指导教师：</td></tr>
</table>

财务报表审计实训报告

实训指导教师：　　　　　　　　　　　　　课时：　　　　　　　　　　　　　日期：

实训任务：		
实训目的和要求：		
实训工作底稿及会计资料：		
实训内容及步骤：		
实训结果（或结论）：		
评语		评分： 指导教师：

财务报表审计实训报告

实训指导教师：　　　　　　　　　　课时：　　　　　　　　　　日期：

<table>
<tr><td colspan="3">实训任务：</td></tr>
<tr><td colspan="3">实训目的和要求：</td></tr>
<tr><td colspan="3">实训工作底稿及会计资料：</td></tr>
<tr><td colspan="3">实训内容及步骤：</td></tr>
<tr><td colspan="3">实训结果（或结论）：</td></tr>
<tr><td>评语</td><td></td><td>评分：
指导教师：</td></tr>
</table>

财务报表审计实训报告

实训指导教师：　　　　　　　　　　　　课时：　　　　　　　　　　　日期：

<table>
<tr><td colspan="3">实训任务：</td></tr>
<tr><td colspan="3">实训目的和要求：</td></tr>
<tr><td colspan="3">实训工作底稿及会计资料：</td></tr>
<tr><td colspan="3">实训内容及步骤：</td></tr>
<tr><td colspan="3">实训结果（或结论）：</td></tr>
<tr><td>评语</td><td></td><td>评分：
指导教师：</td></tr>
</table>

财务报表审计实训报告

实训指导教师：　　　　　　　　　　　　课时：　　　　　　　　　　　　日期：

<table>
<tr><td colspan="3">实训任务：</td></tr>
<tr><td colspan="3">实训目的和要求：</td></tr>
<tr><td colspan="3">实训工作底稿及会计资料：</td></tr>
<tr><td colspan="3">实训内容及步骤：</td></tr>
<tr><td colspan="3">实训结果（或结论）：</td></tr>
<tr><td>评语</td><td></td><td>评分：

指导教师：</td></tr>
</table>

财务报表审计实训报告

实训指导教师：　　　　　　　　　　　　课时：　　　　　　　　　　　　日期：

实训任务：		
实训目的和要求：		
实训工作底稿及会计资料：		
实训内容及步骤：		
实训结果（或结论）：		
评语		评分： 指导教师：

财务报表审计实训报告

实训指导教师：　　　　　　　　　　　　课时：　　　　　　　　　　　　日期：

实训任务：		
实训目的和要求：		
实训工作底稿及会计资料：		
实训内容及步骤：		
实训结果（或结论）：		
评语		评分： 指导教师：

财务报表审计实训报告

实训指导教师：　　　　　　　　　　　　　　课时：　　　　　　　　　　　　　　日期：

<table>
<tr><td colspan="3">实训任务：</td></tr>
<tr><td colspan="3">实训目的和要求：</td></tr>
<tr><td colspan="3">实训工作底稿及会计资料：</td></tr>
<tr><td colspan="3">实训内容及步骤：</td></tr>
<tr><td colspan="3">实训结果（或结论）：</td></tr>
<tr><td>评语</td><td></td><td>评分：

指导教师：</td></tr>
</table>

财务报表审计实训报告

实训指导教师：　　　　　　　　　　　　课时：　　　　　　　　　　　　日期：

实训任务：		
实训目的和要求：		
实训工作底稿及会计资料：		
实训内容及步骤：		
实训结果（或结论）：		
评语		评分： 指导教师：

财务报表审计实训报告

实训指导教师：　　　　　　　　　　课时：　　　　　　　　　　日期：

<table>
<tr><td colspan="3">实训任务：</td></tr>
<tr><td colspan="3">实训目的和要求：</td></tr>
<tr><td colspan="3">实训工作底稿及会计资料：</td></tr>
<tr><td colspan="3">实训内容及步骤：</td></tr>
<tr><td colspan="3">实训结果（或结论）：</td></tr>
<tr><td>评语</td><td></td><td>评分：

指导教师：</td></tr>
</table>

财务报表审计实训总结

实训指导教师：　　　　　　　　　　　　　　　　　课时：　　　　　　　　　　　　　　日期：

评语		评分： 指导教师：

中星琪会计师事务所

客户名称 CLIENT		姓名 NAME		时间 DATE	
工作内容 DETAILS	**初步业务活动程序表**	执行人及执行时间 PREPARED BY		索引号 INDEX NO.	
会计期间或截止日 YEAR END		复核人及复核时间 REVIEWED BY		页码 PAGE NO.	

初步业务活动目标：
确定是否接受业务委托；如接受业务委托，确保在计划审计工作时达到下列要求：(1) 注册会计师已具备执行业务所需要的独立性和专业性胜任能力；(2) 不存在因管理层诚信问题而影响注册会计师承接或保持该项业务意愿的情况；(3) 与被审计单位不存在对业务约定条款的误解。

初步业务活动程序：	索引号	执行人
1. 如果首次接受审计委托，实施下列程序：		
(1) 与被审计单位相关人员面谈，讨论下列事项：		
1) 审计的目标；		
2) 审计报告的用途；		
3) 管理层对财务报表的责任；		
4) 审计的范围；		
5) 执行审计工作的安排，包括出具审计报告的时间要求；		
6) 审计报告格式和对审计结果的其他沟通形式；		
7) 管理层提供必要的工作条件和协助；		
8) 注册会计师不受限制地接触任何与审计有关的记录、文件和所需要的其他信息；		
9) 利用被审计单位专家或内部审计人员工作的程度（必要时）；		
10) 审计收费。		
(2) 初步了解被审计单位及其环境，并予以记录。		
(3) 征得被审计单位书面同意后，与前任注册会计师沟通。		
2. 如果是连续审计，实施下列程序：		
(1) 了解被审计的目标、审计范围和时间安排等；		
(2) 查阅以前年度审计工作底稿，重点关注非标准审计报告涉及的说明事项、管理建议书的具体内容、重大事项概要等；		
(3) 初步了解被审计单位及其环境发生的重大变化，并予以记录；		
(4) 考虑是否需要修改业务约定条款，以及是否需要提醒被审计单位注意现有的业务约定条款。		
3. 评价是否具备执行该项审计业务所需要的独立性和专业胜任能力。		
4. 完成业务承接评价表或业务保持评价表。		
5. 签订审计业务约定书（适用于首次接受业务委托，以及连续审计中修改长期审计业务约定书条款的情况）。		

中星琪会计师事务所

客户名称 CLIENT		姓名 NAME		时间 DATE	
工作内容 DETAILS	**业务承接 评价表**	执行人及执行时间 PREPARED BY		索引号 INDEX NO.	
会计期间或截止日 YEAR END		复核人及复核时间 REVIEWED BY		页码 PAGE NO.	

1. 客户法定名称（中/英文）：	
2. 客户地址：	
3. 客户性质（国有/外商投资/民营/其他）：	
4. 客户所属行业、业务性质与主要业务：	
5. 客户要求我们提供审计服务的目的以及出具审计报告的日期：	
6. 客户基本情况：	
7. 前任注册会计师（机构、经办人、联系方式），变更会计师事务所的原因，以及最近三年变更会计师事务所的频率：	
8. 根据本所目前的情况，考虑下列事项：	
项目组的时间和资源：	
项目组的专业胜任能力：	
独立性：	
预计审计收费：	
9. 其他方面的意见：	
项目负责合伙人：	风险管理负责人（必要时）：
基于上述方面，我们________（接受或不接受）此项业务。	基于上述方面，我们________（接受或不接受）此项业务。
签名：	签名：
日期：	日期：
最终结论： 签名：　　　　日期	

中星琪会计师事务所

客户名称 CLIENT		姓名 NAME		时间 DATE	
工作内容 DETAILS	**会计政策调查表**	执行人及执行时间 PREPARED BY		索引号 INDEX NO.	
会计期间或截止日 YEAR END		复核人及复核时间 REVIEWED BY		页码 PAGE NO.	

序号	项目	一贯政策	是否稳健
1	执行何种会计准则	□股份制 □外商 □行业 □企业	
2	执行何种会计制度	□股份制 □外商 □行业 □企业	
3	各种适用税率	（ ）所得税 （ ）增值税 （ ）城建税 （ ）土地增值税 （ ）教育费附加 （ ）消费税 （ ）社会事业发展费	
4	具体会计政策		
	（1）记账本位币	□人民币 □美元 □港币 □日元	
	（2）记账基础和计价原则	□以权责发生制为记账基础 □采用借贷记账法核算 □以历史成本为计价原则	
	（3）外币记账方法	（ ）以外币业务发生时市场汇价 （ ）当月月初的市场汇价记账 （ ）按月末市场汇价折合记账本位币金额调整	
	（4）外币会计报表折算方法		
	（5）现金等价物的确定标准		
	（6）交易性金融资产计价方法	（ ）按实际成本计价 （ ）按成本与市价孰低法 （ ）按市价法 （ ）期末是否考虑市价变动影响	
		计提跌价准备时按：（ ）单项计提 （ ）类别计提 （ ）总体计提 （ ）不计提	
		变现时按：（ ）先进先出法 （ ）加权平均法 （ ）个别认定法计价	
	（7）坏账核算方法	备抵法：（ ）应收款项余额百分比法 （ ）账龄分析法 （ ）个别认定法 （ ）其他	
		采用备抵法时计提坏账准备的范围包括：（ ）应收账款 （ ）其他应收款	
	（8）材料计价标准和方法	材料入库按：（ ）实际成本法 （ ）计划成本法	
		发出采用：（ ）先进先出法 （ ）月末的加权平均法 （ ）移动加权平均法 （ ）个别计价法 （ ）按计划（定额）成本核算	
		材料成本差异分摊方法：（ ）全部由完工产品成本负担 （ ）在产成品与在产品之间分摊	

中星琪会计师事务所

客户名称 CLIENT		姓名 NAME		时间 DATE	
工作内容 DETAILS	**营业收入 审定表**	执行人及执行时间 PREPARED BY		索引号 INDEX NO.	
会计期间或截止日 YEAR END		复核人及复核时间 REVIEWED BY		页码 PAGE NO.	

项目名称	本期 未审数	账项调整		重分类调整		本期 审定数	上期 审定数	索引号
		借方	贷方	借方	贷方			
一、主营业务收入合计								
小计								
二、其他业务收入合计								
小计								
合计								

审计结论：

中星琪会计师事务所

客户名称 CLIENT		姓名 NAME		时间 DATE	
工作内容 DETAILS	**销售检查情况表**	执行人及执行时间 PREPARED BY		索引号 INDEX NO.	
会计期间或截止日 YEAR END		复核人及复核时间 REVIEWED BY		页码 PAGE NO.	

记账日期	凭证编号	业务内容	对应科目	金额	核对内容 （用“√”“×”表示）					备注
					1	2	3	4	5	
核对内容说明：1. 原始凭证是否齐全；2. 记账凭证与原始凭证是否相符；3. 账务处理是否正确；4. 是否记录于恰当的会计期间；5. ……										

审计结论：

中星琪会计师事务所

客户名称 CLIENT		姓名 NAME		时间 DATE	
工作内容 DETAILS	**主营业务收入截止测试**	执行人及执行时间 PREPARED BY		索引号 INDEX NO.	
会计期间或截止日 YEAR END		复核人及复核时间 REVIEWED BY		页码 PAGE NO.	

编号	明细账				发票内容					发货单		是否跨期（用“√”“×”表示）
	日期	凭证号	主营业务收入	应交税金	日期	客户名称	货物名称	销售额	税额	日期	号码	
1												
2												
3												
4												
5												
…												
截止日前												
截止日期：20　年　月　日												
截止日后												
1												
2												
3												
4												
5												
…												

注：从明细账到发货单。

审计结论：

中星琪会计师事务所

客户名称 CLIENT		姓名 NAME		时间 DATE	
工作内容 DETAILS	**应收账款 审定表**	执行人及执行时间 PREPARED BY		索引号 INDEX NO.	
会计期间或截止日 YEAR END		复核人及复核时间 REVIEWED BY		页码 PAGE NO.	

项目名称	期末未审数	账项调整		重分类调整		期末审定数	上期末审定数	索引号
		借方	贷方	借方	贷方			
一、账面余额合计								
二、坏账准备合计								
三、账面价值合计								
合计								

审计结论：

中星琪会计师事务所

客户名称 CLIENT		姓名 NAME		时间 DATE		
工作内容 DETAILS	**应收账款询证函**	执行人及执行时间 PREPARED BY			索引号 INDEX NO.	
会计期间或截止日 YEAR END		复核人及复核时间 REVIEWED BY			页码 PAGE NO.	

公司：

本公司聘请的_______________会计师事务所正在对本公司____年度财务报表进行审计，按照中国注册会计师审计准则的要求，应当询证本公司与贵公司的往来账项等事项。下列信息出自本公司账簿记录，如与贵公司记录相符，请在本函下端“信息证明无误”处签章证明；如有不符，请在“信息不符”处列明不符项目；如存在与本公司有关的未列入本函的其他项目，也请在“信息不符”处列出这些项目的金额及详细资料。回函请直接寄至_______________会计师事务所。

回函地址：　　　　　　　　　　　　　　　　　　　　邮编：

电话：　　　　　　　　　　　　传真：　　　　　　　联系人：

1. 本公司与贵公司的往来账项列示如下

单位：元

截止日期	贵公司欠	欠贵公司	备注

2. 其他事项

本函仅为复核账目之用，并非催款结算。若款项在上述日期之后已经付清，仍请及时函复为盼。

（被审计单位盖章）

年　　月　　日

结论：

1. 信息证明无误	2. 信息不符，请列明不符项目及具体内容
（公司盖章） 年　　月　　日 经办人：	（公司盖章） 年　　月　　日 经办人：

中星琪会计师事务所

客户名称 CLIENT		姓名 NAME		时间 DATE	
工作内容 DETAILS	**应收账款 询证函**	执行人及执行时间 PREPARED BY		索引号 INDEX NO.	
会计期间或截止日 YEAR END		复核人及复核时间 REVIEWED BY		页码 PAGE NO.	

公司：

本公司聘请的____________会计师事务所正在对本公司____年度财务报表进行审计，按照中国注册会计师审计准则的要求，应当询证本公司与贵公司的往来账项等事项。下列信息出自本公司账簿记录，如与贵公司记录相符，请在本函下端“信息证明无误”处签章证明；如有不符，请在“信息不符”处列明不符项目；如存在与本公司有关的未列入本函的其他项目，也请在“信息不符”处列出这些项目的金额及详细资料。回函请直接寄至______________会计师事务所。

回函地址： 邮编：

电话： 传真： 联系人：

1. 本公司与贵公司的往来账项列示如下

单位：元

截止日期	贵公司欠	欠贵公司	备注

2. 其他事项

本函仅为复核账目之用，并非催款结算。若款项在上述日期之后已经付清，仍请及时函复为盼。

（被审计单位盖章）

年 月 日

结论：

1. 信息证明无误	2. 信息不符，请列明不符项目及具体内容
（公司盖章） 年 月 日 经办人：	（公司盖章） 年 月 日 经办人：

中星琪会计师事务所

客户名称 CLIENT		姓名 NAME		时间 DATE		
工作内容 DETAILS	**应收账款询证函**	执行人及执行时间 PREPARED BY			索引号 INDEX NO.	
会计期间或截止日 YEAR END		复核人及复核时间 REVIEWED BY			页码 PAGE NO.	

公司：

本公司聘请的____________会计师事务所正在对本公司____年度财务报表进行审计，按照中国注册会计师审计准则的要求，应当询证本公司与贵公司的往来账项等事项。下列信息出自本公司账簿记录，如与贵公司记录相符，请在本函下端“信息证明无误”处签章证明；如有不符，请在“信息不符”处列明不符项目；如存在与本公司有关的未列入本函的其他项目，也请在“信息不符”处列出这些项目的金额及详细资料。回函请直接寄至____________会计师事务所。

回函地址： 邮编：

电话： 传真： 联系人：

1. 本公司与贵公司的往来账项列示如下

单位：元

截止日期	贵公司欠	欠贵公司	备注

2. 其他事项

本函仅为复核账目之用，并非催款结算。若款项在上述日期之后已经付清，仍请及时函复为盼。

（被审计单位盖章）
年 月 日

结论：

1. 信息证明无误	2. 信息不符，请列明不符项目及具体内容
（公司盖章） 年 月 日 经办人：	（公司盖章） 年 月 日 经办人：

中星琪会计师事务所

<table>
<tr><td>客户名称 CLIENT</td><td></td><td>姓名 NAME</td><td></td><td>时间 DATE</td><td colspan="2"></td></tr>
<tr><td>工作内容
DETAILS</td><td>应收账款
询证函</td><td>执行人及执行时间
PREPARED BY</td><td colspan="2"></td><td>索引号
INDEX NO.</td><td></td></tr>
<tr><td>会计期间或截止日
YEAR END</td><td></td><td>复核人及复核时间
REVIEWED BY</td><td colspan="2"></td><td>页码
PAGE NO.</td><td></td></tr>
</table>

公司：

本公司聘请的__________会计师事务所正在对本公司____年度财务报表进行审计，按照中国注册会计师审计准则的要求，应当询证本公司与贵公司的往来账项等事项。下列信息出自本公司账簿记录，如与贵公司记录相符，请在本函下端“信息证明无误”处签章证明；如有不符，请在“信息不符”处列明不符项目；如存在与本公司有关的未列入本函的其他项目，也请在“信息不符”处列出这些项目的金额及详细资料。回函请直接寄至______________会计师事务所。

回函地址： 邮编：

电话： 传真： 联系人：

1. 本公司与贵公司的往来账项列示如下

单位：元

截止日期	贵公司欠	欠贵公司	备注

2. 其他事项

本函仅为复核账目之用，并非催款结算。若款项在上述日期之后已经付清，仍请及时函复为盼。

（被审计单位盖章）

年 月 日

结论：

1. 信息证明无误	2. 信息不符，请列明不符项目及具体内容
（公司盖章） 年 月 日 经办人：	（公司盖章） 年 月 日 经办人：

中星琪会计师事务所

<table>
<tr><td>客户名称 CLIENT</td><td></td><td>姓名 NAME</td><td></td><td>时间 DATE</td><td></td></tr>
<tr><td>工作内容
DETAILS</td><td>**应收账款询证结果调节表**</td><td>执行人及执行时间
PREPARED BY</td><td></td><td>索引号
INDEX NO.</td><td></td></tr>
<tr><td>会计期间或截止日
YEAR END</td><td></td><td>复核人及复核时间
REVIEWED BY</td><td></td><td>页码
PAGE NO.</td><td></td></tr>
</table>

被询证单位：

回函日期：

1. 被询证单位回函余额

2. 减：被询证单位已记录项目

序号	日期	摘要（运输途中、存在争议的项目）	凭证号	金额
1				
2				
3				
…				
合计				

3. 加：被审计单位已记录项目

序号	日期	摘要（运输途中、存在争议的项目）	凭证号	金额
1				
2				
3				
…				
合计				

4. 调节后金额

5. 被审计单位账面金额

6. 调节后是否存在差异，差异金额

审计结论：

中星琪会计师事务所

客户名称 CLIENT		姓名 NAME		时间 DATE		
工作内容 DETAILS	**应收账款询证结果汇总表**	执行人及执行时间 PREPARED BY			索引号 INDEX NO.	
会计期间或截止日 YEAR END		复核人及复核时间 REVIEWED BY			页码 PAGE NO.	

一、应收账款函证情况列表

名称	询证函编号	询证方式	函证日期		回函日期	账面金额	回函金额	经调节后是否存在差异	调节表索引号
			第一次	第二次					

二、对误差的分析

项目	金额
1. 已识别的误差	
2. 推断出的总体误差（扣除已识别的误差）	

审计结论：

中星琪会计师事务所

客户名称 CLIENT		姓名 NAME		时间 DATE		
工作内容 DETAILS	**销售费用 审定表**	执行人及执行时间 PREPARED BY			索引号 INDEX NO.	
会计期间或截止日 YEAR END		复核人及复核时间 REVIEWED BY			页码 PAGE NO.	

项目名称	本期 未审数	账项调整		重分类调整		本期 审定数	上期 审定数	索引号
		借方	贷方	借方	贷方			
小计								
合计								

审计结论：

中星琪会计师事务所

客户名称 CLIENT		姓名 NAME		时间 DATE		
工作内容 DETAILS	**销售费用检查情况表**	执行人及执行时间 PREPARED BY			索引号 INDEX NO.	
会计期间或截止日 YEAR END		复核人及复核时间 REVIEWED BY			页码 PAGE NO.	

记账日期	凭证编号	业务内容	对应科目	金额	核对内容（用“√”“×”表示）					备注
					1	2	3	4	5	
核对内容说明：1. 原始凭证是否齐全；2. 记账凭证与原始凭证是否相符；3. 账务处理是否正确；4. 是否记录于恰当的会计期间；5. ……										

审计结论：

中星琪会计师事务所

客户名称 CLIENT		姓名 NAME		时间 DATE	
工作内容 DETAILS	**应付账款 审定表**	执行人及执行时间 PREPARED BY		索引号 INDEX NO.	
会计期间或截止日 YEAR END		复核人及复核时间 REVIEWED BY		页码 PAGE NO.	

项目名称	期末 未审数	账项调整		重分类调整		期末 审定数	上期末 审定数	索引号
		借方	贷方	借方	贷方			
一、关联方								
二、非关联方								
小计								
合计								

审计结论：

中星琪会计师事务所

客户名称 CLIENT		姓名 NAME		时间 DATE		
工作内容 DETAILS	**应付账款检查情况表**	执行人及执行时间 PREPARED BY		索引号 INDEX NO.		
会计期间或截止日 YEAR END		复核人及复核时间 REVIEWED BY		页码 PAGE NO.		

记账日期	凭证号码	业务内容	对应科目	金额	核对内容（用“√”“×”表示）					备注
					1	2	3	4	5	
核对内容说明：1. 原始凭证是否齐全；2. 记账凭证与原始凭证是否相符；3. 账务处理是否正确；4. 是否记录于恰当的会计期间；5. ……										

审计结论：

中星琪会计师事务所

客户名称 CLIENT		姓名 NAME		时间 DATE		
工作内容 DETAILS	**固定资产审定表**	执行人及执行时间 PREPARED BY			索引号 INDEX NO.	
会计期间或截止日 YEAR END		复核人及复核时间 REVIEWED BY			页码 PAGE NO.	

项目名称	期末未审数	账项调整		重分类调整		期末审定数	上期末审定数	索引号
		借方	贷方	借方	贷方			
一、固定资产原值合计								
其中：房屋、建筑物								
机器设备								
运输工具								
二、累计折旧合计								
其中：房屋、建筑物								
机器设备								
运输工具								
三、减值准备合计								
其中：房屋、建筑物								
机器设备								
运输工具								
四、账面价值合计								

审计结论：

中星琪会计师事务所

客户名称 CLIENT		姓名 NAME		时间 DATE	
工作内容 DETAILS	**固定资产增加检查表**	执行人及执行时间 PREPARED BY		索引号 INDEX NO.	
会计期间或截止日 YEAR END		复核人及复核时间 REVIEWED BY		页码 PAGE NO.	

固定资产名称	取得日期	取得方式	固定资产类别	增加情况		凭证号	核对内容（用“√”“×”表示）							
				数量	原价		1	2	3	4	5	6	7	8
核对内容说明：1. 与发票是否一致；2. 与付款单据是否一致；3. 与购买/建造合同是否一致；4. 与验收报告或评估报告等是否一致；5. 审批手续是否齐全；6. 与在建工程转出数是否一致；7. 会计处理是否正确（入账日期和入账金额）；8. ……														

审计结论：

中星琪会计师事务所

客户名称 CLIENT		姓名 NAME		时间 DATE	
工作内容 DETAILS	**固定资产减少检查表**	执行人及执行时间 PREPARED BY		索引号 INDEX NO.	
会计期间或截止日 YEAR END		复核人及复核时间 REVIEWED BY		页码 PAGE NO.	

固定资产名称	取得日期	处置方式	处置日期	固定资产原价	累计折旧	减值准备	账面价值	处置收入	净损益	索引号	核对内容（用“√”“×”表示）				
											1	2	3	4	5

核对内容说明：1. 与收款单据是否一致；2. 与合同是否一致；3. 审批手续是否完整；4. 会计处理是否正确；5. ……

审计结论：

中星琪会计师事务所

客户名称 CLIENT		姓名 NAME		时间 DATE	
工作内容 DETAILS	**固定资产清理明细表**	执行人及执行时间 PREPARED BY		索引号 INDEX NO.	
会计期间或截止日 YEAR END		复核人及复核时间 REVIEWED BY		页码 PAGE NO.	

项目名称	清理原因	批准人	净值				清理费用⑤	清理收入⑥	期末余额⑦＝④＋⑥－⑤	备注
			原值①	已提折旧②	减值准备③	净值④＝①－②－③				

审计结论：

中星琪会计师事务所

客户名称 CLIENT		姓名 NAME		时间 DATE	
工作内容 DETAILS	**管理费用审定表**	执行人及执行时间 PREPARED BY		索引号 INDEX NO.	
会计期间或截止日 YEAR END		复核人及复核时间 REVIEWED BY		页码 PAGE NO.	

单位名称	本期未审数	账项调整		重分类调整		本期审定数	上期审定数	索引号
		借方	贷方	借方	贷方			

审计结论：

中星琪会计师事务所

客户名称 CLIENT		姓名 NAME		时间 DATE	
工作内容 DETAILS	**管理费用检查情况表**	执行人及执行时间 PREPARED BY		索引号 INDEX NO.	
会计期间或截止日 YEAR END		复核人及复核时间 REVIEWED BY		页码 PAGE NO.	

记账日期	凭证号码	业务内容	对应科目	金额	核对内容（用“√”“×”表示）					备注
					1	2	3	4	5	
核对内容说明：1. 原始凭证是否齐全；2. 记账凭证与原始凭证是否相符；3. 账务处理是否正确；4. 是否记录于恰当的会计期间；5. ……										

审计结论：

中星琪会计师事务所

客户名称 CLIENT		姓名 NAME		时间 DATE	
工作内容 DETAILS	**存货抽盘核对表**	执行人及执行时间 PREPARED BY		索引号 INDEX NO.	
会计期间或截止日 YEAR END		复核人及复核时间 REVIEWED BY		页码 PAGE NO.	

一、资产负债表日前抽盘核对数

序号	品名及规格	单位	抽盘日实存数量	加：抽盘日至资产负债表日入库数量	减：抽盘日至资产负债表日发出数量	资产负债表日实存数量	资产负债表日账面数量	差异	原因分析

二、资产负债表日后抽盘核对数

序号	品名及规格	单位	抽盘日实存数量	加：资产负债表日至抽盘日发出数量	减：资产负债表日至抽盘日入库数量	资产负债表日实存数量	资产负债表日账面数量	差异	原因分析

编制说明：本表适用于抽盘日与财务报表截止日不一致的情况。

审计结论：

中星琪会计师事务所

<table>
<tr><td>客户名称 CLIENT</td><td></td><td>姓名 NAME</td><td></td><td>时间 DATE</td><td colspan="2"></td></tr>
<tr><td>工作内容
DETAILS</td><td>**交易性金融资产审定表**</td><td>执行人及执行时间
PREPARED BY</td><td colspan="2"></td><td>索引号
INDEX NO.</td><td></td></tr>
<tr><td>会计期间或截止日
YEAR END</td><td></td><td>复核人及复核时间
REVIEWED BY</td><td colspan="2"></td><td>页码
PAGE NO.</td><td></td></tr>
</table>

项目名称	期末未审数	账项调整		重分类调整		期末审定数	上期末审定数	索引号
		借方	贷方	借方	贷方			
1. 交易性债券投资								
2. 交易性权益工具投资								
3. 指定为以公允价值计量且变动计入当期损益的金融资产								
4. 衍生金融资产								
5. 其他								
合　　计								

审计结论：

中星琪会计师事务所

客户名称 CLIENT		姓名 NAME		时间 DATE	
工作内容 DETAILS	**交易性金融资产公允价值复核表**	执行人及执行时间 PREPARED BY		索引号 INDEX NO.	
会计期间或截止日 YEAR END		复核人及复核时间 REVIEWED BY		页码 PAGE NO.	

项目名称	账面数		复核						备注
	期末数量①	期末余额②	市价③	市价来源	证券市值④=①×③	差异⑤=②−④	差异原因	与上期计价方法是否一致	

审计结论：

中星琪会计师事务所

客户名称 CLIENT		姓名 NAME		时间 DATE		
工作内容 DETAILS	**短期借款审定表**	执行人及执行时间 PREPARED BY			索引号 INDEX NO.	
会计期间或截止日 YEAR END		复核人及复核时间 REVIEWED BY			页码 PAGE NO.	

项目名称	期末未审数	账项调整		重分类调整		期末审定数	上期末审定数	索引号
		借方	贷方	借方	贷方			
合计								

审计结论：

中星琪会计师事务所

客户名称 CLIENT		姓名 NAME		时间 DATE	
工作内容 DETAILS	**长期借款审定表**	执行人及执行时间 PREPARED BY		索引号 INDEX NO.	
会计期间或截止日 YEAR END		复核人及复核时间 REVIEWED BY		页码 PAGE NO.	

项目名称	期末未审数	账项调整		重分类调整		期末审定数	上期末审定数	索引号
		借方	贷方	借方	贷方			
合计								

审计结论：

中星琪会计师事务所

客户名称 CLIENT		姓名 NAME		时间 DATE	
工作内容 DETAILS	**长期借款检查情况表**	执行人及执行时间 PREPARED BY		索引号 INDEX NO.	
会计期间或截止日 YEAR END		复核人及复核时间 REVIEWED BY		页码 PAGE NO.	

记账日期	凭证编号	业务内容	对应科目	金额	核对内容（用"√""×"表示）					备注
					1	2	3	4	5	
核对内容说明：1. 原始凭证是否齐全；2. 记账凭证与原始凭证是否相符；3. 账务处理是否正确；4. 是否记录于恰当的会计期间；5. ……										

审计结论：

中星琪会计师事务所

客户名称 CLIENT		姓名 NAME		时间 DATE	
工作内容 DETAILS	**财务费用 审定表**	执行人及执行时间 PREPARED BY		索引号 INDEX NO.	
会计期间或截止日 YEAR END		复核人及复核时间 REVIEWED BY		页码 PAGE NO.	

项目名称	本期未审数	账项调整		本期审定数	上期审定数	索引号
		借方	贷方			
利息支出						
减：利息收入						
利息净支出						
汇兑损失						
减：汇兑收益						
汇兑净损失						
银行手续费						
其他						
合计						

审计结论：

中星琪会计师事务所

客户名称 CLIENT		姓名 NAME		时间 DATE	
工作内容 DETAILS	**财务费用检查情况表**	执行人及执行时间 PREPARED BY		索引号 INDEX NO.	
会计期间或截止日 YEAR END		复核人及复核时间 REVIEWED BY		页码 PAGE NO.	

记账日期	凭证号码	业务内容	对应科目	金额	核对内容（用“√”“×”表示）					备注
					1	2	3	4	5	

核对内容说明：1. 原始凭证是否齐全；2. 记账凭证与原始凭证是否相符；3. 账务处理是否正确；4. 是否记录于恰当的会计期间；5. ……

审计结论：

中星琪会计师事务所

<table>
<tr><td>客户名称 CLIENT</td><td></td><td>姓名 NAME</td><td></td><td>时间 DATE</td><td></td></tr>
<tr><td>工作内容
DETAILS</td><td>**其他应收款
审定表**</td><td>执行人及执行时间
PREPARED BY</td><td colspan="2"></td><td>索引号
INDEX NO.</td><td></td></tr>
<tr><td>会计期间或截止日
YEAR END</td><td></td><td>复核人及复核时间
REVIEWED BY</td><td colspan="2"></td><td>页码
PAGE NO.</td><td></td></tr>
</table>

<table>
<tr><td rowspan="2">项目</td><td rowspan="2">期末
未审数</td><td colspan="2">账项调整</td><td colspan="2">重分类调整</td><td rowspan="2">期末
审定数</td><td rowspan="2">上期末
审定数</td><td rowspan="2">索引号</td></tr>
<tr><td>借方</td><td>贷方</td><td>借方</td><td>贷方</td></tr>
<tr><td></td><td></td><td></td><td></td><td></td><td></td><td></td><td></td><td></td></tr>
<tr><td></td><td></td><td></td><td></td><td></td><td></td><td></td><td></td><td></td></tr>
<tr><td></td><td></td><td></td><td></td><td></td><td></td><td></td><td></td><td></td></tr>
<tr><td></td><td></td><td></td><td></td><td></td><td></td><td></td><td></td><td></td></tr>
<tr><td></td><td></td><td></td><td></td><td></td><td></td><td></td><td></td><td></td></tr>
<tr><td></td><td></td><td></td><td></td><td></td><td></td><td></td><td></td><td></td></tr>
<tr><td></td><td></td><td></td><td></td><td></td><td></td><td></td><td></td><td></td></tr>
<tr><td>合计</td><td></td><td></td><td></td><td></td><td></td><td></td><td></td><td></td></tr>
</table>

审计结论：

中星琪会计师事务所

客户名称 CLIENT		姓名 NAME		时间 DATE	
工作内容 DETAILS	**其他应收款 检查情况表**	执行人及执行时间 PREPARED BY		索引号 INDEX NO.	
会计期间或截止日 YEAR END		复核人及复核时间 REVIEWED BY		页码 PAGE NO.	

记账日期	凭证编号	业务内容	对应科目	金额	核对内容（用“√”“×”表示）					备注
					1	2	3	4	5	
核对内容说明：1. 原始凭证是否齐全；2. 记账凭证与原始凭证是否相符；3. 账务处理是否正确；4. 是否记录于恰当的会计期间；5. ……										

审计结论：

286

中星琪会计师事务所

客户名称 CLIENT		姓名 NAME		时间 DATE		
工作内容 DETAILS	**其他应付款 审定表**	执行人及执行时间 PREPARED BY			索引号 INDEX NO.	
会计期间或截止日 YEAR END		复核人及复核时间 REVIEWED BY			页码 PAGE NO.	

项目	期末 未审数	账项调整		重分类调整		期末 审定数	上期末 审定数	索引号
		借方	贷方	借方	贷方			
合计								

审计结论：

中星琪会计师事务所

客户名称 CLIENT		姓名 NAME		时间 DATE		
工作内容 DETAILS	**其他应付款检查情况表**	执行人及执行时间 PREPARED BY		索引号 INDEX NO.		
会计期间或截止日 YEAR END		复核人及复核时间 REVIEWED BY		页码 PAGE NO.		

记账日期	凭证编号	业务内容	对应科目	金额	核对内容（用“√”“×”表示）					备注
					1	2	3	4	5	
核对内容说明：1. 原始凭证是否齐全；2. 记账凭证与原始凭证是否相符；3. 账务处理是否正确；4. 是否记录于恰当的会计期间；5.……										

审计结论：

中星琪会计师事务所

客户名称 CLIENT		姓名 NAME		时间 DATE	
工作内容 DETAILS	**货币资金 审定表**	执行人及执行时间 PREPARED BY		索引号 INDEX NO.	
会计期间或截止日 YEAR END		复核人及复核时间 REVIEWED BY		页码 PAGE NO.	

项目	期末 未审数	账项调整		重分类调整		期末 审定数	上期末 审定数	索引号
		借方	贷方	借方	贷方			
合计								

审计结论：

中星琪会计师事务所

客户名称 CLIENT		姓名 NAME		时间 DATE	
工作内容 DETAILS	**库存现金 监盘表**	执行人及执行时间 PREPARED BY		索引号 INDEX NO.	
会计期间或截止日 YEAR END		复核人及复核时间 REVIEWED BY		页码 PAGE NO.	

检查盘点记录						实有库存现金盘点记录			
项目		项次	人民币	美元	某外币	面额	人民币	美元	某外币
上一日账面库存余额		①				1 000元			
盘点日未记账传票收入金额		②				500元			
盘点日未记账传票支出金额		③				100元			
盘点日账面应有金额		④=①+②−③				50元			
盘点日实有库存现金数额		⑤				20元			
盘点日应有与实有差异		⑥=④−⑤				10元			
差异原因分析	白条抵库（张）					5元			
						2元			
						1元			
						0.5元			
						0.2元			
						0.1元			
						合计			
追溯调整	报表日至审计日库存现金付出总额								
	报表日至审计日库存现金收入总额								
	报表日库存现金应有余额								
	报表日账面汇率								
	报表日余额折合本位币金额								
	本位币合计								

出纳员：　　　　会计主管人员：　　　　监盘人：　　　　检查日期：

审计结论：

中星琪会计师事务所

客户名称 CLIENT		姓名 NAME		时间 DATE	
工作内容 DETAILS	**银行存款未达账项检查表**	执行人及执行时间 PREPARED BY		索引号 INDEX NO.	
会计期间或截止日 YEAR END		复核人及复核时间 REVIEWED BY		页码 PAGE NO.	

序号	开户行/时间	账号/内容	未达金额	未达性质	未达的原因	审计人员的印象及判断	是否需要调整	调整金额	对方科目
一、									
1									
2									
3									
4									
…									
二、									
1									
2									
3									
4									
…									
合计									

说明：本表按银行账号分别填列，只对长期或影响正确截止的未达账期进行分析。

审计结论：

索引号：

银行询证函

（银行）：　　　　　　　　　　　　　　　　　　　　　　　　　　　　　　　编号：

本公司聘请的________会计师事务所正在对本公司____年度财务报表进行审计，按照中国注册会计师审计准则要求，应当询证本公司与贵行相关的信息。下列信息出自本公司记录，如与贵行记录相符，请在本函下端“信息证明无误”处签章证明；如有不符，请在“信息不符”处列明不符项目及具体内容；如存在与本公司有关的未列入本函的其他重要信息，也请在“信息不符”处列出其详细资料。回函请直接寄至__________会计师事务所。

回函地址：　　　　　　　　　　　　　　　　　　　邮编：

电话：　　　　　　　　　传真：　　　　　　　　　联系人：

截至____年 12 月 31 日，本公司与贵行相关的信息列示如下：

1. 银行存款

账户名称	银行账号	币种	利率	余额	起止日期	是否被质押，用于担保或存在其他使用限制	备注

除上述列示的银行存款外，本公司并无在贵行的其他存款。

注：“起止日期”一栏仅适用于定期存款，如为活期或保证金存款，可只填写“活期”或“保证金”字样。

2. 银行借款

借款人名称	币种	本息余额	借款日期	到期日期	利率	借款条件	抵（质）押品/担保人	备注

除上述列示的银行存款外，本公司并无在贵行的其他借款。

注：此项仅函证截至资产负债表日本公司尚未归还的借款。

3. 截至函证日之前 12 个月内注销的账户

账户名称	银行账号	币种	注销账户日

除上述列示的账户外，本公司并无截至函证日之前 12 个月内在贵行注销的其他账户。

4. 委托存款

账户名称	银行账号	借款方	币种	利率	余额	存款起止日期	备注

除上述列示的委托存款外，本公司并无通过贵行办理的其他委托存款。

5. 委托贷款

账户名称	银行账号	借款方	币种	利率	余额	贷款起止日期	备注

除上述列示的委托贷款外，本公司并无通过贵行办理的其他委托贷款。

6. 担保

(1) 本公司为其他单位提供的，以贵行为担保受益人的担保。

被担保人	担保方式	担保金额	担保期限	担保事由	担保合同编号	被担保人与贵行就担保事项往来的内容（贷款等）	备注

除上述列示的担保外，本公司并无通过贵行办理的其他担保。

注：如采用抵押或质押方式提供担保的，应在备注中说明抵押或质押物情况。

(2) 贵行向本公司提供的担保。

被担保人	担保方式	担保金额	担保期限	担保事由	担保合同编号	备注

除上述列示的担保外，本公司并无通过贵行办理的其他担保。

7. 本公司为出票人且由贵行承兑而尚未支付的银行承兑汇票

银行承兑汇票号码	票面金额	出票日	到期日

除上述列示的银行承兑汇票外，本公司并无由贵行承兑而尚未支付的其他银行承兑汇票。

8. 本公司向贵行已贴现而尚未到期的商业汇票

商业汇票号码	付款人名称	承兑人名称	票面金额	票面利率	出票日	到期日	贴现日	贴现率	贴现净额

除上述列示的商业汇票外，本公司并无由贵行承兑而尚未支付的其他商业汇票。

9. 本公司为持票人且由贵行托收的商业汇票

商业承兑汇票号码	承兑人名称	票面金额	出票日	到期日

除上述列示的商业汇票外，本公司并无由贵行托收的其他商业汇票。

10. 本公司为申请人，由贵行开具的未履行完毕的不可撤消信用证

信用证号码	收益人	信用证金额	到期日	未使用金额

除上述列示的不可撤消信用证外，本公司并无由贵行开具的未履行完毕的其他不可撤消信用证。

11. 本公司与贵行之间未履行完毕的外汇买卖合约

类别	合约号码	买卖币种	未履行的合约买卖金额	汇率	交收日期
贵行卖予本公司					
本公司卖予贵行					

除上述列示的外汇买卖合约外，本公司并无由贵行开具的未履行完毕的其他外汇买卖合约。

12. 本公司存放于贵行的有价证券或其他产权文件

有价证券或其他产权文件名称	产权文件编号	数量	金额

除上述列示的有价证券外，本公司并无存放于贵行的其他有价证券或其他产权文件。

13. 其他重大事项

注：此项应填列注册会计师认为重大且应予以函证的其他事项，如信托存款等；如无则应填写“不适用”。

（被审计单位盖章）

20　年　月　日

以下仅供被询证银行使用

结论：

1. 信息证明无误 （银行盖章） 年　月　日 经办人：	2. 信息不符，请列明不符项目及具体内容（对于在本函前述第 1 项至第 13 项中漏列的其他重要信息，请列出详细资料。） （银行盖章） 年　月　日 经办人：

中星琪会计师事务所

客户名称 CLIENT		姓名 NAME		时间 DATE	
工作内容 DETAILS	**货币资金收支检查情况表**	执行人及执行时间 PREPARED BY		索引号 INDEX NO.	
会计期间或截止日 YEAR END		复核人及复核时间 REVIEWED BY		页码 PAGE NO.	

记账日期	凭证编号	业务内容	对应科目	金额	核对内容（用“√”“×”表示）					备注
					1	2	3	4	5	
核对内容说明：1. 原始凭证是否齐全；2. 记账凭证与原始凭证是否相符；3. 账务处理是否正确；4. 是否记录于恰当的会计期间；5. ……										

对不符事项的处理：

注：当企业规模和业务量较大时，可分库存现金，银行存款，其他货币资金科目分别使用该表，应注意修改索引号。

审计结论：

中星琪会计师事务所

客户名称 CLIENT		姓名 NAME		时间 DATE	
工作内容 DETAILS	**账项调整分录汇总表**	执行人及执行时间 PREPARED BY		索引号 INDEX NO.	
会计期间或截止日 YEAR END		复核人及复核时间 REVIEWED BY		页码 PAGE NO.	

序号	内容及说明	索引号	调整内容				影响利润表＋（－）	影响资产负债表＋（－）
			借方项目	借方金额	贷方项目	贷方金额		

与被审计单位的沟通：
参加人员：
被审计单位：
审计项目组：
被审计单位的意见：
结论：
是否同意上述审计调整：
被审计单位授权代表签字：　　　　　　　　　　日期：

中星琪会计师事务所

客户名称 CLIENT		姓名 NAME		时间 DATE	
工作内容 DETAILS	**账项调整分录汇总表**	执行人及执行时间 PREPARED BY		索引号 INDEX NO.	
会计期间或截止日 YEAR END		复核人及复核时间 REVIEWED BY		页码 PAGE NO.	

序号	内容及说明	索引号	调整内容				影响利润表＋（一）	影响资产负债表＋（一）
			借方项目	借方金额	贷方项目	贷方金额		

与被审计单位的沟通：
参加人员：
被审计单位：
审计项目组：
被审计单位的意见：
结论：
是否同意上述审计调整：
被审计单位授权代表签字：　　　　　　　　　　日期：

中星琪会计师事务所

客户名称 CLIENT		姓名 NAME		时间 DATE		
工作内容 DETAILS	**账项调整分录汇总表**	执行人及执行时间 PREPARED BY			索引号 INDEX NO.	
会计期间或截止日 YEAR END		复核人及复核时间 REVIEWED BY			页码 PAGE NO.	

序号	内容及说明	索引号	调整内容				影响利润表+（-）	影响资产负债表+（-）
			借方项目	借方金额	贷方项目	贷方金额		

与被审计单位的沟通：
参加人员：
被审计单位：
审计项目组：
被审计单位的意见：
结论：
是否同意上述审计调整：
被审计单位授权代表签字：　　　　　　　　　　　　日期：

中星琪会计师事务所

客户名称 CLIENT		姓名 NAME		时间 DATE	
工作内容 DETAILS	**账项调整分录汇总表**	执行人及执行时间 PREPARED BY		索引号 INDEX NO.	
会计期间或截止日 YEAR END		复核人及复核时间 REVIEWED BY		页码 PAGE NO.	

序号	内容及说明	索引号	调整内容				影响利润表＋（一）	影响资产负债表＋（一）
			借方项目	借方金额	贷方项目	贷方金额		

与被审计单位的沟通：
参加人员：
被审计单位：
审计项目组：
被审计单位的意见：
结论：
是否同意上述审计调整：
被审计单位授权代表签字：　　　　　　　　　　　　日期：

图书在版编目（CIP）数据

审计综合实训/兰丽丽，杜海霞主编．-- 3 版．--
北京：中国人民大学出版社，2021.5
21 世纪高职高专会计类专业课程改革规划教材
ISBN 978-7-300-29318-9

Ⅰ.①审… Ⅱ.①兰… ②杜… Ⅲ.①审计学-高等
职业教育-教材 Ⅳ.①F239.0

中国版本图书馆 CIP 数据核字（2021）第 078088 号

“十三五”职业教育国家规划教材
21 世纪高职高专会计类专业课程改革规划教材
审计综合实训（第三版）
主　编　兰丽丽　杜海霞
副主编　罗惠玲　雒　艳
Shenji Zonghe Shixun

出版发行	中国人民大学出版社		
社　　址	北京中关村大街 31 号	**邮政编码**	100080
电　　话	010－62511242（总编室）		010－62511770（质管部）
	010－82501766（邮购部）		010－62514148（门市部）
	010－62515195（发行公司）		010－62515275（盗版举报）
网　　址	http://www.crup.com.cn		
经　　销	新华书店		
印　　刷	北京玺诚印务有限公司	**版　　次**	2012 年 9 月第 1 版
规　　格	185 mm×260 mm　16 开本		2021 年 5 月第 3 版
印　　张	19.25	**印　　次**	2021 年 5 月第 1 次印刷
字　　数	445 000	**定　　价**	45.00 元